KB141209

| 행복한 어른으로 키우는 인성 실천서 |

인성으로 성공하라

문제 있는 가정은 있어도

문제 있는 아이는 없다

김종진 지음

국립중앙도서관 출판예정도서목록(CIP)

인성으로 성공하라 : 행복한 어른으로 키우는 인성 실천서 /
지은이: 김종진. -- 대전 : 오늘의문학사, 2018
p. ; cm

ISBN 978-89-5669-933-2 93370 : ₩15000

인성 교육[人性敎育]
가정 교육[家庭敎育]

370.88-KDC6
370.114-DDC23 CIP2018023962

인성으로 성공하라

들어가며

아이들의 삶이 아름답고 곱게 그려지기를

부모에게 가장 소중한 존재는 자녀입니다. 부모는 자녀에게 값진 것을 물려주기 위해 온갖 정성을 아끼지 않습니다. 희생까지도 불사합니다. 그런데 그 사랑과 희생이 다 옳은 것일까요? 어떤 사랑이고 어떤 희생인지를 살펴보아야 합니다. 자녀에게 가장 값진 유산은 세상과 더불어 즐겁고 기쁘게 살아가는 성숙한 인간상을 심어주는 것입니다. 스스로 사회에 이바지하고 스스로 행복한 삶을 창조할 수 있는 자기 결정권을 갖게 하는 것입니다.

'인성교육진흥법'에 따르면 인성이란 '자신의 내면을 바르고 건전하게 가꾸고 타인 · 공동체 · 자연과 더불어 살아가는 데 필요한 인간다운 성품과 역량'이라고 정의하고 있습니다. 인성이란 한마디로 '아름다운 사람으로 되어가는 과정'을 말합니다. 세상에 완성된 사람은 없습니다. 완벽한 사람도 없습니다. 삶은 인생의 벽화가 그려지는 과정이며 삶의 집이 지어지는 과정이라고 볼 수 있습니다. 한 사람의 특성에 맞게 기질에 맞게 아름다운 집이 지어지는 과정입니다. 어떤 집은 단층이고 어떤 집은 이층이고 어떤 집은 아파트입니다. 어떤 집은 화려하고 어떤 집은 소박하고 어떤 집은 단순하고 어떤 집은 복잡합니다. 아이들 내면에 비어있는 부분이나 구석의 숨은 공간을 아름답게 색칠을 도와주는 것은 어른들의 몫입니다. 아이들에게 즐거운 세상을 만들어 주는 역할을 하는 어른들이 바른 인성을 갖고 있어야하는 것은 기본입니다.

아이들이 아름다운 벽화로 완성되는 과정에 조력자가 되고 지도자가 되어야하는 학부모, 선생님, 그리고 이 사회의 어른이라는 이름을 가진 모든 사람들의 책임은 막중합니다.

아이들은 끊임없이 인생의 벽화를 그립니다. 혼자서 그리는 벽화보다는 함께 그리는 벽화 속에 행복한 관계가 있는 것입니다. 함께 가는 세상이기에 인성교육이 필요한 것입니다. 우리나라, 아니 지구촌 모든 아이들이 행복한 모습의 벽화들을 가슴 속에 그려간다면 세상이 아름다워질 것입니다. 인성의 벽화가 잘 그려진 많은 아이들을 보면서 어른들은 얼마나 뿌듯할까요?

인성 교육으로 갈등 없이 협동적인 인관 관계를 잘 유지해 나가기를 바랍니다. 바르게 성장하고 불필요한 갈등 없이 아이들의 인생이 아름다운 물감으로 곱게 그려지기를 바랍니다.

2001년 어린이집에서 다도예절 교육으로 시작한 저의 인성교육은 20여 년 정도가 되니 초 · 중 · 고 학교 현장에서부터 학부모, 지역주민들, 어르신들까지 교육의 폭이 넓어졌습니다. 아이들에게 인성 · 인권 교육을 하면서 아이뿐만 아니라 부모, 학교에서 더 관심을 갖고 교육해야 한다는 걸 느낍니다. 또한 인성 특별법까지 제정되면서 인성에 관한 교육 인프라가 커지고 있음을 일선에서 알 수 있습니다. 저는 어린이집, 청소년 문화센타, 학교에서 인성동화작가, 독서논술 교사, 인성교육 강사, 효지도사로 활동하면서 아이들의 모습이 부모의 모습이라는 것을 뼈저리게 느낍니다.

문제 있는 가정은 있어도 문제 있는 아이는 없습니다. 자녀가 어떤 아이가 되는 것도 중요하지만 먼저 스스로 어떤 부모인지를 돌아보아야합니다. 부모 자신이 스스로를 모르고 살아가는 경우가 많기에 아이들의 문제로 비춰지는 것입니다. 부모가 바른 인성관을 갖고 있어야 합니다. 아이들을 보면서 행복한 어른으로 자랐으면 하는 마음이 간절합니다. 아이들을 행복하게 만들고 성공적인 인간상을 심어주는 일은 어른의 역할입니다. 부모가 아니라 아이의 시각에서 살피고 아이의 입장에서 살피고 끊임없이 아이를 이해하기를 바랍니다. 많이 안아주고 공감하고 칭찬하기를 바랍니다. 내 자식만 성공하여 잘 되기를 바라는 것은 구조적인 모순입니다. 어느 부모든 자식이 잘 되기를 바라는 마음은 같습니다. 그런데 그것은 '세상의 공기가 다 더렵혀져도 우리집 방문만 닫아놓으면 된다'는 식의 이기심입니다. 불건전한 이기심은 우리 아이뿐만 아니라 모든 아이들을 불행하게 합니다. 함께 더불어 잘 되기를 바라고 다른 아이들도 내 자녀처럼 대하기를 바랍니다.

'세 살 버릇 여든 간다'는 속담 안에는 어른들의 인성 교육이 숨어 있습니다. 인성 교육 관점을 학의 개념이 아닌 습의 개념으로 바꿔 보시기 바랍니다.

이 책은 인성교육의 필요성과 방법을 대중적 시각에서 풀었습니다. 대상은 학부모, 선생님, 인성교육 강사, 인성관련 종사자입니다. 교육 방법에서 실제적 기법들을 기술했고, 학생들에게 직접 했던 인성 교육방법도 넣었습니다. 부모 교육의 많은 영역에서 아이들의 교육은 물론 부모도 변화 할 수 있는 것들을 구체적으로 제시하였습니다. 현장에서 많은 도움이 될 것이라 믿습니다.

좋은 인성이 먼저고 좋은 인성이 길입니다. 인성보다 값진 보석은 없습니다. 인성을 최우선에 두고 살아간다면 행복한 삶은 보장 받는다고 확신합니다. 그것이 성공한 삶이라고 생각합니다.

여러분의 자녀나 지도하는 아이들이 은은한 종소리처럼, 반짝이는 별처럼 아름답고 고운 사람으로 세상과 더불어 행복을 나누기를 바랍니다.

여락인성심리연구소에서 여락 김종진 드림

제2장 인성은 인생 최고의 경쟁력이다

제3장 부모와 아이는 손잡고 성장하는 존재다

제4장 스스로 인성 만들기

제5장 행복한 아이가 자라 아름다운 어른이 되는 것

자녀 앞에서
싸우는 모습만
보여주지 않아도
성공한 것이다.

행복한 어른으로 키우는 인성 실천서

인성으로 성공하라

1장

인성은 가르침의 키 워드(key word)다

01

관점을 바꾸어라 그것이 인성교육의 첫걸음이다

지금은 4차 산업혁명 시대다. 과거에 비해 학력이나 경제수준이 확실히 달라졌다.

요즘 학부모는 베이비부머 세대 이후 태어난 사람들로 주류를 이룬다. 이들이 X세대다. 성장했던 시대환경이 정치, 경제, 사회, 문화 등 여러 가지로 빠른 변화가 일어난 세대이기도 하다.

30대 중반에서 40대 학부모들이 대한민국 다양한 곳에서 허리 역할을 하고 있다. 이들은 어릴 적 부모에게 밥상머리 교육을 받은 세대로 인성교육은 따로 존재하지 않았다. 시간이 흘러 이들이 어른이 되었다. 밥상머리 교육만 받은 세대가 4차 산업 시대를 살아가는 자녀에게 인성교육을 시켜야하는 상황이다. 그래서 요즘의 인성교육은 쉽지 않다. 교육은 백년대계다. 100년 앞을 내다보고 계획을 세우라는 뜻이다. 미래 사회와 나라를 이끌어갈 인재를 만드는 교육은 중요하다. 그 중 인성 교육은 누가 뭐래도 가장 중요하다. 아무리 강조해도 지나치지 않는 것으로 미뤄두면 늦는다. 조기 교육으로 최우선에 두어야 할 것이 인성교육이라는 뜻이다.

30대 후반 C씨. 초등학생 아들 둘의 어머니다.

"아이들이 너무 산만해요. 집에서나 밖에서나 제가 손을 쓸 수가 없어요."

산만함 때문에 힘들다고 토로한다.

"남편이 돌봐주었으면 좋겠어요. 하지만 주말만 아이들을 돌봐줄 뿐입니다."

나머지는 엄마 몫이다. C씨는 자녀 삶에 욕심이 많지 않다.

"건강하고 밝게만 자라길 바랄 뿐이에요. 스스로 진로를 찾는다면 응원만 보내주고 싶어요."

그러나 놓치기 싫은 것이 있다. 바로 아이들 인성교육이다. 뉴스에서 인성문제로 사회적 물의를 일으키는 기사를 볼 때마다 혹시나 하는 걱정이 앞선다. 문제는 C씨 역시 인성교육을 제대로 받아보지 못했다는 것이다. 어릴 적 식사시간, 아버지 말씀 외에 딱히 인성교육은 없었다. 시대가 변했다. 아이들을 만날 수 있는 시간은 아침과 저녁식사 시간뿐이다. 아침에는 서로 출근 전쟁, 등교 전쟁이라 대화 나눌 시간이 없다. 저녁에도 상황은 비슷하다. 학원 끝나고 오면 밀린 숙제하기에 바쁘다. 주말에는 아빠가 아이들을 돌봐주지만 살피는 차원 이상은 아니다.

"시간을 내어 제가 사자소학으로 요즘 아이들의 사례를 만들어 인성 교육을 시도해 봤어요. 그런데 며칠 하다가 멈췄어요. 아이들 산만함도 문제지만 교육 방법이 맞는지 모르겠더라고요."

인성 교육을 위해 노력하는 모습 자체는 훌륭하다. 이들 부부에게 인성교육을 믿고 맡길만한 곳은 학교밖에 없다.

학부모들과 이야기를 나누다보면 C씨와 상황이 별반 다르지 않다. 부모가 인성교육을 받지 않았기 때문에 어떻게 해야 할지 잘 모른다. 그렇다고 자신이 받은 교육을 똑같이 할 수 없다. 지금 부모 세대의 아이들이 아니다. 세상이 달라져도 한참 달라졌다. 형제가 둘 뿐이거나 하나인 아이도 흔하다. 사교육이 주류를 이루고 있고, 어른이라면 무조건 존중해야한다는 사고도 변했다. 밥상머리 교육을 받은 세대가 첨단을 달리는 아이의 인성교육을 시켜야한다니 맞지 않다. 시대에 맞는 방법을 찾아야 한다.

무언가 새로운 걸 만드는 건 참으로 어려운 일이다. 인성교육을 안 받아본 부모가 인성교육을 새롭게 만드는 건 숙제다. 또 전문가가 아닌 이상, 체계화시키는 것도 쉽지 않은 일이다. 기존에 있는 인성교육에 새로운 관점을 제공해 준다면 해답이 있지 않을까.

아이는 고유의 인격체다. 부모 몸을 빌려 태어났을 뿐이다. 부모에게 소속된 존재가 아니다. 고유성이 있는 존재로 일정한 나이가 되면 자율을 인정해야 한다. 문제는 많은 부모가 아이를 고유의 인격체로 생각하지 않고 사유물로 생각하고 있다는 것이다.

교육은 '학(學)'과 '습(習)'에 달렸다. 지금 교육은 '학'에 집중되고 있다. '습'은 각자에게 맡겨진다. 문제는 '습'을 습득할 시간 없이 '학'에만 집중한다는 것이다. 아이들은 머리로만 받을 뿐 '습'을 이루지 못한다. 인성교육의 관점을 '습'으로 돌려보는 것이 어떨까?

이미 수많은 교육기관에서 인성교육에 대한 방법을 제시하고 있다. 그것을 활용하는 건 개인의 몫이다. 가정에서 할 수 있는 인성교육 관점을 '습'에 집중할 필요가 있다. 즉 배우고 실천하는 것을 집에서 하자는 말이다. 학교는 인성교육을 가르칠 뿐 제대로 실행하는 건 가정이 할 일이다. 부모는 아이들에게 익힐 수 있는 환경을 조성해야 한다. 인성교육의 관점을 '습'으로 바꾸기 위해 몇 가지 실천해야 할 사항이 있다.

◎ 부모의 언어습관을 점검하라

부모의 언어습관에 따라 아이가 달라진다. 문제 있는 아이는 없다. 문제 있는 부모가 있을 뿐이다. 부모가 거친 입을 갖고 있다면 자녀는 닮는다. 언어습관은 대물림이다. 부모의 언어 습관 중 칭찬에 인색할 경우 아이의 '습' 능력은 떨어진다. 아이가 평소답지 않게 행동하면 "얘가 오늘 따라 왜 그래" "하는 일마다 답답해 죽겠어." 하며 생각 없이 말하는 부모도 있다. 함부로 발설한 말에 아이는 상처를 입는다. "ㅇㅇ이는 신발 정리도 잘하네.", "ㅇㅇ이는 엄마 물도 잘 떠다주는구나.", "숙제도 스스로 잘 해서 엄마는 참 좋다." 칭찬과 고운 말을 생활화하라.

◎ 먼저 보여주고 이유를 알려줘라

부모가 하지 않는다면 아이도 하지 않는다. 어른을 보고 인사하기를 원한다면 먼저 보여줘야 한다. 단지 어리다는 이유로 "어리니깐 당연히 하는 거야."라고 말한다면 아이는 이해할 수 없다. 부모가 먼저 인사하는 걸 보여줘라. 그리고 인사를 해야 하는 이유를 알려주면 된다. 보여주는 것으로 끝내면 해야 할 이유를 찾지 못한다. 이유도 꼭 설명해줘라.

◎ 부모가 먼저 다양한 인간상(人間像)을 인정하고 사고를 확장시켜라

우리는 아이들에게 완벽한 인간상을 원한다. 인성도 바르고, 공부도 잘하고, 교우관계도 좋고, 예체능에 능하며, 부지런하는 등 너무 많은 것을 원한다. 개성을 존중한다면 완벽한 인간상을 버려라. 완벽한 인간상은 존재하지 않는다. 우선 다양한 인간상이 존재한다는 사실을 아이들에게 알려줘라. 누구든 각자 본성이 있다. 본질에 맞지 않는 인간상이 부모에 의해 만들어지는 일은 없어야 할 것이다. 다양한 인간상을 보여주고 아이에게 선택권을 주어라.

인성교육은 무 자르듯 딱 잘라 말하기 어렵다. 사람마다 기질과 성격이 다르고 자라온 환경이 다른데 어떻게 똑같은 교육이 가능할까. 세상은 빠르게 변한다. 최근 인성교육법 시행으로 초등학교에서 다양한 체험 학습을 통한 인성교육이 실시되고 있다지만 중, 고등학교 과정으로 넘어가면 체험 학습을 넘어 자기 스스로 인성을 길러나갈 수 있는 통찰 학습이 필요하다.

따라서 부모가 받은 교육을 아이에게 똑같이 시킬 수 없다. 그렇다고 손을 뺄 수도 없는 일이다. 관점을 바꿔보자. 인성교육을 학(學)의 개념이 아닌 습(習)의 개념으로 말이다. 관점만 바꾼다면 습에 집중할 수 있다. 습에는 언어습관, 보여주고 설득하기, 다양한 인간상 알기가 따라올 것이다.

관점을 바꿔보자. 인성교육은 지식을 가르치는 것이 아니라 교양을 가르치는 것이다. 좋은 인성보다 더 빛나는 보석은 없다.

02

우물쭈물 하지 말고 교과서 밖으로 외출하라

우리에게는 여러 가지 문제 연구소 소장으로 잘 알려진 김정운 소장. 그는 20여 년 전 생소한 문화심리학자란 이름으로 한국에 들어왔다. 취업을 위해 여러 곳을 두드렸지만 받아주지 않았다. 지금은 보편화 되었지만 당시 문화심리학이 교과서에 없다는 이유였다. 참으로 꽉 막힌 사회였다고 김정운 소장은 회고한다. 시간이 흘러 김 소장의 위치는 달라졌다. 편집능력이 창조라는 '에디톨로지' 학문을 만들어 전파하고 있다. 이것 역시 교과서에 존재하지 않는 용어다. 그런데 요즘은 교과서에 존재하지 않기에 신선한 느낌을 준다. 지식 기반 산업과 정보산업 다음에 창조산업과 창의 산업을 이야기 한다.

곳곳에서 창조와 창의를 외치고 있지만 그것은 저절로 만들어지는 것이 아니다. 같은 물건, 같은 현상이라도 다르게 볼 줄 아는 시각이 필요하다.

학창 시절 교과서를 안 읽어본 사람은 없다. 시대가 변해도 학교에서는 교과서를 중심으로 교육한다. 교과서는 교육에 있어 절대적인 것이다. 교과서는 다른 책에 비해 실용성을 목적으로 만들어졌다. 짧은 시간 안에 많은 걸 전달해야 하기 때문이다. 교과서를 통해 주요부분을 익히고 다른 책으로 보강하는 것이 이상적인 공부라 생각하는 사람이 많다. 그것은 어디까지나 이상이다. 교과서를 참고해 만든 문제집, 핵심은 뽑아주지만 배경지식은 각자 알아서 배워야 한다. 교과서는 절대적이고 준엄한 책이 아니다. 전달을 편리하게 만든 책이다. 그러나 교사, 학부모, 학생들은 교과서를 절대적으로 여기고 있다. 교과서 밖을 나가는 걸 두려워한다. 교과서는 제도권 안에서 보호를 받기 때문이다.

지역도서관에 대안학교 자원봉사 강사가 왔다. 앞에 앉아 있던 수강자에게 물었다.

"대안학교라 하면 무엇이 떠오르십니까?"

"학교에 적응 못해 가는 대안기관입니다."

강사는 고개를 끄덕였다. 대부분 대안학교의 사회적 인식은 학교에 적응 못하는 아이들이 가는 곳이라고 생각한다.

"물론 학교에 적응 못해 오는 학생도 있습니다. 그러나 창의가 넘쳐 발명을 하고 싶어 오는 학생, 유학을 갔다 와서 꽉 막힌 한국

교육이 싫어 온 엘리트 학생 등 다양합니다."

인문계 학생들은 0교시를 하기 때문에 잠이 덜 깬 상태로 수업을 듣는다. 이 아이들을 볼 때마다 '지금의 행복', '올지 안 올지 모를 나중의 행복을 위해 오늘을 희생하는 것' 어느 것이 바람직한지 생각해 볼 일이다. 많은 아이들이 언제 올지 모를 행복을 위해 희생을 하고 있는 안타까운 현실이다.

고등학교 아들 교과서를 본 적이 있다. 소설가 박경리가 지은 《토지》가 필독서였다. 아이들은 0교시부터 야간 자율학습까지 문제집만 푸는 수업을 반복한다. 그러다보면《토지》 같은 장편소설을 읽을 틈이 없다. 학교에선《고등학생 필독 소설 요약》을 구매해 읽게 했다. 그런데 줄거리는 알겠지만, 배경이나 주인공 감정을 제대로 이해할 수 있을까?

인성이 중요시되고 있기 때문에 이제 곧, 국어, 수학처럼 '인성' 과목도 나올 수 있다. 이미 인성관련 교과서급 책도 나와 있다. '인성을 교과서로 가르칠 수 있는지'와 '인성자체를 가르칠 수 있는 것인가' 등 곳곳에서 문제를 제기하고 있다. 인성은 교육으로 체득되어야 한다. 평소 인사를 안 하는 아이가 교과서에서 배웠다고 뚝딱 인사를 잘하는 아이가 되는 건 아니다. 인사하는 모습을 꾸준히 보여주고 시간이 누적된다면 당연함으로 받아들일 것이다. 교과서는 철저히 사실만 교육한다. 과학적으로 검증되었고 보편화된 것만 담은 게 교과서다. 그렇기 때문에 교과서는 한계가 있다. 교과서는 정보습득으로 봐야 한다. 인성교육 역시 교과서 밖을 나와야 제대로 된 교육이 가능한 것이다.

모든 부모가 바라는 것은 자녀의 성공이다. 성공하는 방법에는 두 가지가 있다. '사다리'라고 말하는 기존 성공방법은 치열하게 경쟁한 후 승리해 그 열매를 얻는다. 또 다른 방법은 기존 성공방법을 거부하고 새롭게 개척하는 것이다. 과거에 비해 사다리가 줄어들었다고 아우성이다. 줄어든 만큼 남들처럼 똑같은 방법으로 성공하기는 갈수록 힘들어지고 있다. 자신만의 성공기준을 세우고 새롭게 성공방법을 개척하는 게 현명하다.

16세 때 도메인 판매로 사업을 시작했던 표철민 대표. 16세 때 엄마 카드로 도메인 주소를 구입해 그것을 디자인 한 후 되팔면서 사업을 익혀나갔다. 16살이면 중3이다. 교과서 같은 길은 공부 열심히 해서 좋은 고등학교를 가는 것이다. 그는 그런 길을 거부하고 자기 길을 개척했다. 대학을 입학하면서 사업은 본격화된다. 그는 묵묵히 자기 길을 갔으며 지금은 많은 청춘에게 희망을 주고 있다. 그리고 IT기업을 꿈꾸는 후배들의 교육을 위해 활동중이다. 표철민 대표가 교과서적인 길을 거부했기에 지금과 같은 위치에 올랐다. 세상이 만든 교과서, 어른들이 만든 교과서를 따랐다면 그는 평범한 모습이었을 것이다. 다른 길을 갔기에 세상은 그의 말을 듣고 싶어 한다. 표철민 대표처럼 교과서 밖으로 나올 용기는 스스로 갖추기 힘들다. 우리 부모들이 적극적으로 알려줘야 한다.

몇 년 전 대학입시에 한자자격증 점수 배정이 높아진다고 하여 한자자격증 시험에 고등학생이 대거 몰렸다. 그리고 미리 준비하겠다는 취지로 중학생들도 한자자격증 취득 열풍에 합류했다. 인성수업도 점수로 평가할 예정이라는 기사가 있다. 실효성은 아직 분분하다. 점수를 매겨지기 위해선 또 경쟁해야 한다. 인성수업 역시 암기과목이 될 수 있다. 만약 대학입시에 인성점수가 반영된다면 어떤 현상이 일어날지 자못 궁금하다. 한자자격증처럼 열풍이 되지 않을까 걱정되기도 한다.

인성 수업 만큼은 교과서 밖으로 나올 용기를 갖자. 교과서가 아니라 학생들 눈높이에 맞는 내용과 첨단기기를 능숙하게 다루는 학생들 눈높이로 탈출하라.

03

문제아를 생산하는 주인공은 문제 가정이다

얼마 전 라디오 방송에서 재미있는 사연이 흘러나왔다. 학부모의 고민 사연이었다.

"고등학교에 다니는 딸이 공부는 접어두고 남자 아이돌 그룹에 푹 빠져 살아요. 용돈을 주면 아이돌 그룹 음원파일, 티셔츠, 응원도구 구매를 하고 방학 때면 아이돌 그룹을 쫓아 다니느라 시도 때도 없이 대전에서 서울을 오갑니다."

딸이 왜 그런가 생각해보니 자신을 닮았다는 결론을 내렸다. 엄마 역시 고등학교 때 아버지께 혼날 각오로 좋아하는 가수 콘서트를 쫓아 다니기 바빴다고 한다. 그러나 엄마의 마음인지라 조금만 좋아하고 공부를 했으면 좋겠다고 마무리 되었다.

사연을 듣고 자식문제는 멀리 찾을 것 없다는 생각이다. 선생님들과 자식 이야기를 나눌 때 '쟤가 왜 저럴까?' 속상해 하는데 멀리 있지 않다. 부모의 모습이다.

'자녀교육에 성공했다.'의 기준은 없지만 자녀교육에 오랫동안 통용된 자녀교육 성공 격언이 있다.

'자녀 앞에서 싸우는 모습만 보여주지 않아도 성공한 것이다.'

오래 전 이 말을 듣고 무릎을 쳤다. 아무리 금실이 좋아도 부부가 살면서 싸우지 않을 수 없다. 싸우는 모습만 보여주지 않아도 자녀 교육은 성공한 것이다. 만약 부부싸움 하는 모습을 자녀에게 보여줬다면 싸움 이후가 더 중요하다. 싸우고 의견충돌만 보여준다면 아이는 부부싸움을 할 때마다 극도의 스트레스를 받는다. 전문가들은 부부가 싸우면 당사자보다 부부싸움을 보고 있는 아이가 더 스트레스를 받는다고 한다.

싸움 이후 합의를 찾는 모습을 반드시 보여줘야 한다. 합의를 찾는다면 부부싸움은 어느 정도 용인이 되지만 싸우는 모습만 보여주고 결과가 없다면 아이에게 미치는 부정적인 영향력은 강하다. 애초에 싸우는 모습을 안 보여주는 게 최상이다. 그러나 불가피하게 싸움을 하게 되면 아이들 안 보이는 곳에서 싸워라.

세상을 놀라게 한 범죄자들 공통점은 바른 가정에서 자라지 못했다는 것이다. 대부분 불우한 환경이다. 청소년 가출도 가난과 함께 부부 싸움의 영향이 절대적이다.

청소년 상담을 나가보면 부모가 싸우는 모습, 엄마가 폭력을 당하는 모습이 싫어 집을 나왔다는 아이들이 많다. 슬픈 현실이다. 부부가 살면서 안 싸울 수는 없다지만 물리적, 언어적 폭력까지 가면 안 된다. 순간 성질을 못 참고 서로 폭발할 때 그 피해는 고스란히 아이에게 간다.

부모가 바르고 반듯하며 생활면에서도 인정을 받는데 아이가 문제아 되는 경우는 드물다. 잠시 잠깐 친구들에 의해 방황은 할 수 있지만 곧 제자리로 돌아온다. 자식은 언제나 부모를 바라보고 있기 때문이다.

얼마 전 강의에서 자식과 부모 관계에 대한 게임을 한 적이 있다. 참가자 20여 명은 전부 성인이었다. 게임은 가상 시나리오로 시작한다. 세계 일주를 위해 꼭 같이 가고 싶은 사람이나 물건 8가지를 적으라고 한다. 참가자 전원이 아버지, 어머니랑 세계 일주를 가고 싶어 했고 배우자, 자식, 보물 등 다양하게 적혀 있었다. 적는 것이 끝나자 배는 빙하를 만나 충돌했고 중요한 것 2가지를 버려야했다. 참가자들은 첫 번째로 생명이 없는 것들을 버렸다.

잠시 후 또 2가지를 버려야 했다. "안 돼. 이젠 버릴 것이 없어요." 소리치는 사람도 있었다. 시간이 흘러 점점 더 버려야했고, 최후에 남은 두 가지를 발표했는데 신기하게도 많은 사람이 아버지, 어머니였다. 소수는 배우자와 자녀가 있었다.

결론은 '나'는 남아있지 않았다. '나'가 있어야 세상은 이루어지는 것인데 부모님 앞에선 나를 버리겠다는 마음이 자식의 마음인 것 같다.

아직은 우리나라의 인성교육이 살아있다는 것을 뜻한다. 또 다른 생각으로는 막상 저런 상황이 닥치면 부모는 당연히 구명조끼를 자식에게 줄 것이다.

가족의 존재를 생각하게 했던 게임이다. 지금 이 책을 읽는 당신도 이 게임에 참가했다면 '나'를 버리고 가족을 살렸을 것이다. 많은 사람들은 가족만큼 소중하게 생각하는 존재가 없는 것 같다. 세상이 변했다지만 가족, 특히 부모는 존재 그 이상이다.

우리는 사람들에게 '철'이란 말을 자주 쓴다. '철이 들었다.', '철이 없네.', '철 좀 들어라.'처럼 말이다. 여기서 말하는 철은 Fe나 steel을 말하는 것이 아니라 계절(season)을 말한다. 우리 삶에도 계절이 있다. 봄에는 씨앗을 뿌리고 여름에는 잡초를 제거하듯 학생 때는 배워야 하고, 일 할 나이가 되면 일을 해야 한다. 부모를 떠날 때가 된다면 떠나야 한다.

부모를 사랑하는 마음은 인간의 본성이다. 그 마음은 세월을 필요로 하고 있다. 누가 알려주지 않아도 세월이 알아준다. 시간이 지나도 그것을 알지 못하면 문제가 되지만 깨닫는다면 성숙된 삶을 살게 된다. 부모가 성실하고 주변사람들에게 인정받는다면 자녀는 그 모습을 그대로 보고 배운다.

자녀를 위한 마음이 강하다면 가정과 부부관계를 돌아보자. 문제 있는 아이는 없어도 문제 있는 가정은 있는 법이다. 자녀의 인성은 부모의 영향을 받는 당연함을 알고 가정을 세심히 살필 필요가 있다.

04

생각은 부모가, 행동은 아이가

사람을 동물에 분류하면 영장류다. 영장류 중 사람만큼 새끼를 장시간 돌보고 살피는 동물도 없을 것이다. 사람은 태어날 때 어느 영장류보다 약해서 정성껏 돌보지 않으면 죽고 만다. 더욱이 사람은 함께 살기 위해 '사회화 교육'까지 마쳐야 독립이 가능하다. 돌보는 기간은 어느 동물보다도 길다는 뜻이다.

인간은 유전적 영향을 받는다. 우리 몸에는 과거 조상의 역사가 담겨있다. 수억 년 전 조상인 영장류는 대량사멸(화산폭발, 행성충돌 등)을 이기기 위해 태어날 새끼를 배안에 품고 다녔다. 수억 년 후 일부 영장류가 인간으로 진화하면서 새끼를 품게 되는 기간이 10개월이 되었다. 10개월 동안 정성과 사랑을 듬뿍 받고 자란다.

자녀를 사랑하는 마음은 원초적이다. 모든 부모는 자녀를 잘 키우고 싶어한다. 부모의 잔소리는 분명 뜻이 있고 잘 되길 비는 마음이다.

짧게는 20여 년 세상을 먼저 경험한 사람으로서 자녀가 같은 실수로 시간, 비용을 허비하지 않았으면 하는 마음이 크다. 부모 입장에선 이해와 설득을 해야 하는데 이것이 잘 먹히지 않는다. 그래서 잔소리 강도를 높이고 자녀의 삶에 적극적으로 개입한다. 그것은 생각은 부모가 하고 아이는 그것에만 따르게 만드는 구조다.

케이블TV에서 자녀를 나름대로 분명한 목적으로 키우는 엄마가 나왔다. 재미 요소를 넣기 위해 자극적인 메시지가 많았지만 분명 엄마는 철저하게 자기 생각으로 딸을 키우고 있었다. 엄마는 학벌에 대한 열등감이 많았다. 엄마의 목적은 단 하나다.

"저는 딸을 교육자 집안에 결혼시킬 것입니다. 저의 꿈이기도 하고 딸아이의 꿈이기도 하죠."

교육자 집안에 결혼시키기 위해 필요한 다양한 교육을 시킨다. 딸은 교육을 소화하기 위해 엄마 지시에 열심히 따른다. 엄마는 딸의 결혼을 목표로 다양한 전략들을 풀어냈다. 전략들은 방송진행자들의 혀를 내두를 정도로 치밀했다. 목표가 조금 특이한 사례지만 엄마의 목표와 전략대로 사는 딸이 성인이 되었을 때 어떤 생각을 할지 많은 의문을 남긴다.

많은 부모들이 생각은 자신이 하고 자녀에게 따라올 것을 종용한다. 모두 자녀를 위한 마음임에는 틀림없다. 자녀는 영원히 부모

곁에 있지 않는다. 언젠가는 자녀를 떠나보내야 할 때를 생각해야 하는데 거기까지 생각이 미치지 못한다.

부모가 정해준 길은 그동안 살아온 경험과 노하우를 담았기에 자녀의 생각보다 분명 좋은 길일 것이다. 부모가 정해준 길에 인생관, 직업관 등 행복을 느낀다면 최고의 길일 수 있다. 그러나 시대가 빠르게 변화하고 자녀는 고유의 인격체로써 언젠가는 독립시켜야 한다. 스스로 살아가는 법을 알려줘야 한다.

유치원 아이를 둔 남자 내담자 이야기다. 회사잔업을 처리하느라 공개수업에 늦었다. 엄마가 있으니 크게 걱정이 안 되었다. 30분 정도 지나서 문을 열고 들어갔는데 아이가 아빠를 와락 끌어안았다. 그리고 세상을 다 가진 표정으로 당당하게 비행기 조립을 완성했다는 것이다. 사실 엄마만 왔을 때는 아이는 풀이 죽었다. 아빠가 오자 기운이 살아나 선생님 도움 없이 비행기 조립을 끝마쳤다. 그 이야기를 듣고 아이 모습을 상상했다. 아빠가 보는 앞에서 아이가 주도적으로 비행기를 조립했을 때의 표정을 말이다. 그 후 아빠는 아이에게 조금 더 관심을 갖고 지켜보는 입장에서 자기주도성을 주기로 했다.

행복의 조건은 참으로 다양하다. 그중에 큰 비중을 차지하는 게 자기결정권이다.

자기결정권이 없다고 생각해보자. 모든 결정을 타인이 해주는 모습, 어떤 의견이나 주장도 펼칠 수 없이 일방적으로 복종하고 따르는 모습을. 시키는 사람 입장에서 고분고분 따르는 게 좋겠지만 개인의 삶은 그것만큼 불행한 것도 없을 것이다.

어린 시절 모든 결정을 부모가 해줄 수 있다. 그러나 일정한 나이가 넘어서도 사소한 것까지 부모가 해준다면 성인이 되어도 자기결정권을 행사할 수 없다. 부당한 대우를 받거나 부모가 요구할 때도 자기결정권이 없다면 모든 일에 순응하는 사람으로 살 수밖에 없다.

자녀에게 생각할 기회는 물론 생각을 이끌어갈 수 있는 시간을 주어야 한다. 즉 일정한 나이가 되면 부모 생각이 있어도 자녀에게 주도적으로 결정하고 실행할 수 있도록 해야 한다. 부모는 끊임없이 지켜봐야 한다.

많은 부모들이 자녀를 지켜봐야 한다는 것을 알고 있다. 문제는 단지 알고만 있을 뿐이다. 답답한 마음에 적극적으로 개입하기 시작한다. 개입하면 반항하거나 순응을 한다. 반항을 하면 의사표현을 했기에 나을 수 있지만, 순응해버리면 자녀의 본심을 알 수 없다.

조용히 따라온다면 자녀를 키우는데 편할 수 있다. 그러나 훗날 성인이 되어서도 순응에 젖어 있다면 어떤 일도 주도적으로 하지 못한다. 아이들에게 생각할 시간을 충분히 주고 그것을 표현해 낼 수 있도록 도와줘야 한다.

05

잘못 길러진 인성은 영원한 꼬리표다

요즘 왕따로 인한 자살 사건이 많다. 왕따 문제는 어른들이 모르는 사이에 벌어지고 갑작스럽게 혹은 은근하게 이루어진다. 무섭고 잔인하게 이루어지는 경우가 많다. 잔인한 동영상이나 영화를 보면서 아이들은 잘못된 것들을 배운다. 어떤 경우에는 어른들보다 더 잔인한 모습으로 친구들을 괴롭힌다. 괴롭힘을 당하다 견디지 못한 아이들은 자살이라는 최악의 선택을 하게 되는 것이다.

뉴스, 신문 등에서 보이는 것이 다가 아니다. 곳곳에서 크고 작은 왕따, 은따 문제들이 발생하고 있다. 선생님도 부모도 모르는 사이에 사건이 확대되어 큰일이 벌어지는 것이다.

이런 경우 학생들은 피해자나 가해자 모두 큰 의미의 피해자라고 할 수 있다. 아직 정체성이 없는 중학생들은 더 심각 할 수 있다. 또래 친구들이 게임 캐릭터를 강제로 키우는 일을 시작으로 갈취와 폭력을 일삼기도 하고, 시험을 강제로 못 풀게도 한다. 집으로 찾아가 괴롭히고 몸을 묶어 구타까지 한다. 심지어 물고문까지 하며 괴롭히는 것은 누구에게 배웠겠는가. 그런 모습들은 학생들의 짓이라고 볼 수 없을 정도로 심각하다.

협박과 갖은 수모를 겪은 아이들이 죽음으로 갈 수밖에 없는 동안 어른들은 무엇을 했는가. 그런 일들은 모두에게 악의 꼬리표를 만든다. 영원히 잊지 못할 슬픔의 기억을 끌고 갈 수 밖에 없다. 아이가 죽으면서 써 놓은 유서는 가족들에게 죽을 때까지 큰 아픔을 남긴다. 그렇게 죽어가는 아이들이 많다는 게 심각한 문제다. 마음에 남는 상처도 죽음이나 같은 것이다. 어떻게든 아이들을 살려야 한다.

먼저 죽는 자기가 불효자라고, 가족에게 미안하다고, 나중에 천당에서 만나자는 유서는 부모의 마음을 찢고 모든 부모의 마음을 아프게 한다.

자식을 잃은 부모 마음을 어떤 말로 표현할 수 있을까. 나 역시 자식을 키우는 사람으로서 이 사건을 보고 많은 슬픔과 아픔이 이어졌다. 가해 학생들이 또래를 괴롭히기 시작한 게임은 어른들이 만들었고, 돈이 절실히 필요하게끔 만든 것도 어른 주머니에 들어가기 위해서다. 그리고 돈이면 만사해결이라는 부분도 직간접적으로 어른들에게 영향을 받았을 것이다. 물고문, 손 묶고 때리기도 어른들이 했던 것을 보고 배우지 않았을까. 언론에선 미성년자 아니라 괴물이라 표현하지만 괴물을 만든 건 어른들이다. 어른으로서 피해아이와 가해아이에게 할 말이 없는 일이다.

모든 일이 그렇지만 남은 건 살아 있는 사람의 몫이다. 피해학생 가족이 받아야 하는 상처는 평생 씻을 수 없다. 가해 학생 역시 평생 친구를 괴롭히다 죽게 만든 죄인으로 살아야 하고 부모 역시 그 꼬리표에 자유로울 수 없다.

서너 살만 지나면 사람을 괴롭히는 것이 잘못된 일이라는 건 누구나 다 안다. 문제는 머리로 알고 있는 걸 양심의 가책을 느끼면서도 행동으로까지 연결하는 것이다. 이것은 인성교육이 해야 하는 일이다. 살아남은 사람은 잘못된 인성으로 평생의 꼬리표를 달고 다녀야 한다. 나이가 어릴수록 나쁜 꼬리표가 생기면 괴로움은 내적으로 외적으로 오랫동안 심하게 받을 수밖에 없다.

문제없이 사는 사람은 없다. 사람은 누구나 크고 작은 문제를 일으키며 살아간다. 이중 인성에 관한 문제도 있다. 인성에 관한 문제로 잘못했을 경우 사회에서 인정받지 못하는 경우가 많다. 그래서 인성교육이 중요하다는 것이다. 그런데 많은 부모들이 이 부분을 놓치고 있다.

"우리 아이는 착한 아이야."

"내가 이렇게 성실한데 아이가 왜 나쁜 길로 빠질까?"

"나쁜 친구들을 만나서 물들어서 그래."

이렇게 생각하는 부모가 많다. 어느 부분 맞는 말이다. 자녀의 첫 번째 스승은 부모다. 자녀는 부모를 보고 자란다. 그러나 지금 아이들은 다른 부분에 많이 노출되어있다. 스마트폰 하나면 무엇이든 볼 수 있고, TV만화에서도 '돈은 항상 옳아'를 여과 없이 표현한다. 대부업 광고도 여과 없이 내보내고, 대부업 노래도 아이들이 따라하는 지경이다. 불륜을 아름답게 포장한 드라마가 황금시간대에 방영 된다. 지금 아이들에게 그대로 노출되어 흡수된다.

가해 학생 부모는 자녀가 학교에서 물고문하고 구타를 한다는 사실을 알았을까, 생각해 볼 일이다. 인성이 잘못되어 저지른 실수는 평생 간다. 이런 일은 실수가 아니라 사람됨됨의 문제이기 때문이다.

꼬리표는 부정의 의미가 많지만 긍정의 의미로 꼬리표를 만들어 보는 것은 어떨까?

남의 물건을 훔치고 약한자를 괴롭히고 사람을 죽이는 그런 사람으로 남는다기보다는 친구를 도와주고 부모님께 효도하고 인사를 잘하는 사람으로 인정받는다면 어떨까? 그런 인정의 꼬리표는 자존감도 높여줄 수 있는 요소다. "에이 뭐 그런 것이 별거야."라고 할 수도 있겠지만 그것은 별것이다. 세상 사람들이 아주 사소한 것에 아주 디테일한 긍정적인 것에 관심을 갖고 행동한다면 세상이 달라지는 것이다. 아주 어릴 때부터 이런 모습을 부모가 보여준다면 왕따나 은따 등으로 자살까지 가는 일은 없을 것이다. 피해자나 가해자가 건강하게 살아갈 수 있는 것이다.

보통 생각하는 꼬리표는 무서운 것이다. 특히 인성문제로 생긴 꼬리표는 파장이 매우 크고 길다. 인터넷 발달로 정보유통은 정말 빠르고 왜곡된 일도 많다. 인성문제로 생긴 이슈는 수습할수록 조롱만 늘어난다. 무엇보다도 아이 스스로 바른 인생을 그릴 수 있도록 단단한 밑그림을 그려주자. 인성이 부족하면 영원한 꼬리표를 만들 수 있다. 다른 꼬리표로도 확산 될 수 있는 문제는 인성 안에 많다. 자녀가 사회생활을 시작도 못해보고 꼬리표를 달 수 있다고 생각해보자.

"쟤는 거짓말쟁이야."
"쟤는 지각 대장이야."
"쟤는 약속을 안 지켜."
이렇게 작은 것이 나중에는 산처럼 커져서
"쟤는 도독놈이야."
"쟤는 살인자야."
"쟤는 사기꾼이야."

심각한 문제다. 바른 인성 교육이 중요하다. 그래야 나쁜 꼬리표 없이 숨겨진 재능도, 보여줄 끼도, 펼쳐야 할 꿈도 발산되는 법이다.

가끔 TV뉴스를 통해 들려오는 대학 교수의 논문표절설, 유명강사의 학위조작설, 증명서 조작설 등 동물처럼 신체적인 것이 아닌 상징적인 것으로 꼬리표를 붙이고 사는 사람들이 있다. 꼬리표는 관계 속에서 자연스럽게 이루어지는 것부터 적성과 소질, 환경과 가치관, 부의 축적 정도와 노력여하에 따라 각자의 이름 뒤에 붙어 별명 같은 역할을 한다. 그것은 현대를 사는 사람들의 '삶의 질'을 대신하며 문명사회를 주도하는 힘을 지녔으며 한 인간의 행복 여부를 가늠하는 잣대가 되기도 한다. 꼬리가 길고 튼튼해야 바람을 잘 가른다. 대보름의 꼬리연처럼 더 나은 삶을 위해 아름다운 꼬리 만들기에 노력을 다해야한다. 심리학자 프로이트는 "실수는 없다. 내재되어 있는 생각이 행동으로 나올 뿐"이라고 했다.

무의식적으로 나와서 만들어지는 인간의 꼬리표는 튼튼하고 착해야한다. 착한 꼬리표, 건전한 꼬리표, 남이 본받을 꼬리표를 남기면서 살게 해주자.

06

당신이 사는 동네가 아이들 리그의 무대일까?

"너희 집은 ○○아파트라며? 우리 집은 ○○○아파트야"

"그 애 ○○아파트 산다며? 같이 놀지 말고, 너는 우리 아파트 친구하고만 놀아."

자주 들은 이야기다. 같은 학원을 다니지만 아파트가 옛날 거라는 이유로 놀지 말라는 것. 이미 아파트 하나에 그 아이의 모든 것이 평가받는 순간이다.

[임대세대 놀이터 출입금지]

평범한 아파트 단지 놀이터 안에 붙은 푯말이다. 아이들 안전 때문에 놀이터를 출입금지 시키는 경우는 종종 있지만 이번은 달랐다. 푯말 앞에는 '임대세대'가 있었다. 즉 특정한 동에 사는 아이들과 놀지 말라는 것이다. 아이들이 이런 차별을 받을 이유는 없다. [임대세대 놀이터 출입금지] 푯말을 세운 건 어른들이다.

이 일의 내막은 이렇다. 아파트 단지 내에 분양세대와 임대세대가 있는데 분양세대 주민들이 합심해 임대세대 아이들이 놀이터에서 놀지 못하게 한 것이다. 집값 하락을 막겠다는 취지다.

같은 단지 내에 누구는 분양세대고 누구는 임대세대란 이유 하나로 놀이터 출입금지를 당한 아이는 시간이 흘러 사회에 대해 어떤 생각을 가질지 걱정된다. 어른들의 집값 욕심이 아이들에게 사회 불신을 만들어 내고 있다.

주거지 차별로 생긴 비슷한 일도 있었다. 경기도 모 초등학교 분교의 전체 학생은 120명이었다. 교육부는 폐교시키고 도로 건너편 학교에 입학시키려 했다. 그러나 학부모들은 폐교 반대 시위를 벌였다. 자녀가 '임대 왕따'를 당할까 폐교를 반대한 것이다. 이미 우리 사회는 '임대 왕따'가 흔하게 일어날 만큼 주거지로 아이들은 차별을 받는다.

똑같은 기회, 공정한 경쟁이 있는 세상은 참으로 아름답다. 슬프게도 어디까지나 로망이다. "세상은 공평하지 않다는 걸 받아들여라." 빌게이츠가 한 말이다. 어디나 차별은 존재한다. 이런 차별을 개인의 능력이나 실력 또는 성실함이 아니라 단지 주거지 차이로 차별을 받고 있으며 그것이 초등학교에서부터 발생한다는 것이 슬픈 현실이다.

아이들이 아파트 브랜드에 따라 가격이 책정되는 걸 어떻게 알까? 바로 우리 어른들이 알려준 것이다. 주거지로 차별이 시작되며 주거지 하나로 모든 걸 평가해 버리는 어른들의 잘못이다.

미국 대통령을 지낸 빌 클린턴, 1992년 선거 때 흑인들의 엄청난 지지로 대통령에 당선되었다. 최초 흑인 대통령은 버락 오바마 대통령이지만 클린턴은 '미국의 초대 흑인지지 대통령'이라는 엄청난 별명을 가지고 있다. 그리고 르윈스키 스캔들 때도 흑인들의 지지로 탄핵정국을 돌파했다는 평도 듣는다. 퇴직 후 아칸소 주 흑인 명예의 전당에 정식회원이 되었는데 62명 회원 중 유일하게 백인으로 활동하고 있다. 그가 흑인에게 지지를 받았던 진짜 이유는 어릴 적 외할아버지 교육 덕분이었다. 외할아버지는 어린 빌 클린턴에게 독서 교육과 옆집에 사는 흑인 형제들과 놀게 했다. 흑인 형제들과 놀면서 어린 빌 클린턴은 인종 편견과 싸워야겠다고 다짐한다. 외할아버지 덕분에 모든 사람은 다르지 않다는 걸 어릴 때부터 배울 수 있었다. 정책에도 흑인 차별 반대에 진심을 담은 정책을 약속하고 대통령 당선에 원동력이 되었다. 세상 사람들이 정서가 말라 가면서 공감 능력을 갖춘 후보가 당선된 것이다. 클린턴은 흑인에 대한 편견이 없기에 모두를 포용 할 수 있었다.

공감 능력의 시작은 '다름'을 받아들이는 일이다.

다름을 받아들이기 위해선 평소 다른 사람과 접촉이 많아야 한다. 준재벌의 외동딸이 대학 친구들과의 모임에서 왕따가 되었다. 자신이 입고 있는 옷과 구두가 1억이 넘는다고 자랑한 게 말썽의 발단이었다. 그리고 1억 옷들을 다 아버지가 사주었다고 자랑했다. 그녀의 치기 어린 말은 친구들의 질투와 시기심을 불러일으켰고, 학교 SNS에서 화제가 되어 따돌림을 받게 되었다.

그즈음 그 여학생과 비슷한 나이 남자가 등록금을 벌기 위해 아르바이트를 하다 제철소 용광로에 떨어져 산화된 사고가 일어났다. 사고가 뉴스를 통해 알려지자 '쇳물을 쓰지 말고 청년 부모님께 줘야 한다.' 등 온 국민을 가슴 아프게 했다. 같은 젊은이가 극명하게 다른 삶을 조명하는 프로그램도 방영되었다.

아버지가 딸을 사랑하는 마음은 어떤 아버지나 똑같다. 그리고 물질적으로 부족함 없이 도와주고 싶은 게 부모 마음이다. 1억 명품녀가 사회적 질타를 받았을 때 그녀의 아버지는 가슴이 아팠을 것이다. 그러나 그녀가 절대다수 삶에 공감 능력이 있을까는 생각해 볼 일이다. 절대 다수 삶에 공감할 수 없기에 친구들에게 허탈감을 심어주는 말을 스스럼없이 했을 것이다. 공감 능력은 하늘에서 뚝 떨어지지 않는다. 다른 사람을 만나고 같이 이야기하고 경험해야 생길 수 있다. 이 능력이 떨어지면 성공은 물론 인성이 바른 사람으로 커갈 수 없다. 다른 사람의 삶을 모르는데 어떻게 다른 사람을 배려하는 인성이 갖추어지겠는가.

어른들은 집값을 수호하기 위해 아이들에게 놀이터 출입을 금지

하고 다른 아파트에 산다는 이유로 놀지 말라고 교육한다. 이런 교육을 어릴 때부터 받은 사람은 어른이 되어도 다른 아파트에 살고 있는 사람을 이해할 수 없게된다.

어른부터 바뀌어야 아이들도 바뀐다. 집값도 소중하고 재산도 소중하다. 그러나 무엇보다 자녀가 더 소중하다. 집값을 지키려다 아이에게 다양한 삶을 공감하는 능력을 떨어뜨릴 수 있다. 우선 우리 어른부터 이 차별에서 벗어나야 한다. 그래야 아이들에게 차별하지 말라고 말할 수 있는 법이다.

07

행복한 마음이 행복한 어른을 만든다

성공한 사람들에게 성공하는 방법을 물어보면 비범한 건 없다.

대부분 운(運)이 좋았다고 말할 뿐이다. 특별한 방법을 찾는 사람이라면 '운이 좋았다'는 말에 실망한다. 20대 때는 몰랐지만 지천명이 넘어가면서 성공한 사람들을 보면 정말 운이 좋은 사람들이라 생각한다. 그리고 그들은 운을 끌어오는 방법을 알고 있다.

운(運)은 크게 두 가지로 나눌 수 있다. 시간 운과 사람 운이다. 두 가지 중 한 가지 운이 제대로 맞으면 사회적으로 성공할 수 있다. 시간 운은 시간이 지나면 사라질 수 있지만 사람 운은 한번 잘 만들어 놓으면 평생을 간다.

무엇인가 결정해야 할 시기에 조언해 줄 사람이 있다면 바른 길을 가는데 큰 도움이 된다. 고민하는 내용에 대해 전문가를 알고 있다면 전문가에게 문의하면 된다. 멘토가 있어도 좋다. 결국 누구를 알고 있느냐는 성공에 절대적이다.

사람 운을 가지고 있다면 사회적으로 성공 할 수 있다. 사회적 성공에 돈은 상당한 비중을 차지한다. 그러나 행복에 있어 돈은 절대적인 것은 아니다. 돈이 없어도 행복한 사람은 많고, 돈이 많아도 괴로워하는 사람도 많다. 그렇지만 돈이 있다면 행복으로 가는 길에 상당한 도움이 된다. 예를 들어 부모가 아픈데 병원비가 없다면 그것보다 괴로운 일도 없고 자녀가 해외연수를 가고 싶은데 돈이 없다면 가슴만 아플 뿐이다.

과거에 비해 자녀에게 경제 교육의 중요성을 강조하기 시작했다. 자녀 경제 교육에 빼놓을 수 없는 부분이 관계기술이다. 부자가 되고 싶다면 부자 곁에 있거나 그에 합당한 교육을 시키는 사람이 곁에 있어야 한다. 결국 부(富)의 핵심은 사람이다.

사람을 끌어들이는 운의 여러 요소 중 첫 번째는 '사람 향기'다. 아무리 재능이 많고, 많은 돈을 가지고 있어도 사람 향기가 없다면 가벼운 관계로 맺기 쉽다. 즉 어려워지면 떠나고 마는 비즈니스 관계를 벗어나지 못한다.

바둑기사 조훈현 9단은 '재주가 덕을 넘지 말아야 한다.'라고 했다. 이 말을 듣고 무릎을 쳤다. 아무리 잘난 재주라도 사람을 업신

여긴다면 잘 나갈 때는 상관없지만 어려워질 때는 사람이 떠난다. 사람은 평생 잘 나갈 수 없다. 고배를 마시기도 하고 회복 불능으로 갈 수도 있다. 이때 덕이 있고 인성이 갖춰졌다면 사람 운을 받을 수 있다. 인성에 문제 있는 사람을 누가 가까이 하고 싶어할까. 가까이 있다면 문제만 일으키니 피곤할 뿐이다.

막노동꾼 출신에서 서울대를 수석 합격해 유명세를 탔던 장승수 변호사. 그의 책《공부가 가장 쉬웠어요》에는 문제를 일으키는 사람에게는 사람이 없다는 사실을 체험한다. 고등학교 시절 싸움을 제법 했던 그는 매일 친구들과 술을 먹었다고 한다. 어느 날 술집에서 시비가 붙어 싸움을 했는데 그 후 기회가 있다면 술집에서 싸움을 했다고 한다. 눈을 마주치면 싸우고, 옆 테이블이 떠든다면 시비를 걸어 싸웠다. 싸움은 매일 이어졌고 친구들은 그를 피하기 시작했다. 주먹과 의리로 다진 친구들이지만 매일 싸우는 그를 피했던 것이다. 그는 자신을 피한 사실을 알고 어떤 사람이 되어야 하는지 정립해 나갔다. 인성에 문제가 있고 인성으로 표현되는 말과 행동에 문제가 있다면 주변 사람들이 떠난다. 주변에 사람이 없으니 무엇을 해도 외롭고 힘들 뿐이다.

부동산으로 30대 후반에 성공한 K 사업가가 있다. 어려운 집안 형편으로 일찍 부동산으로 아르바이트를 시작했다. 부동산 아르바이트는 녹록치 않았다. 다행히 부족한 부분이 있다면 공부를 보충해야 한다는 의지가 강했던 그는 문화센터 스피치과정을 시작으로 자신이 부족한 부분을 채워나갔다. 항상 겸손한 모습으로 수강생들에게 칭찬을 들었다.

문화센터는 지역 사람들이 많기 때문에 겸손하고 예의 바른 그에게 부동산 의뢰를 했다. 그 역시 최선을 다했다. 경험이 쌓이면서 고객도 늘어나고 고객들의 궁금한 점을 풀어낸 책도 출간했다. 책이 출간되고 수업을 들었던 수강생 중에 중소기업 대표가 있었다. 중소기업 대표를 찾아가 책 선물을 주었고 대표는 열심히 하는 젊은 친구를 응원하기 위해 책을 몇 백부씩 주문했다. 책으로 자신의 이름이 서서히 알려지자 그에게 의뢰하는 고객은 더욱 늘었다. 그럴수록 바짝 엎드려 고객을 상대했고 30대 후반에 큰 부를 이루었다.

'겸손해서 손해 볼 것 없고 자만해서 이익 볼 것 없다.'

그가 자주하는 이야기다. 지나친 겸손은 의기소침해 보이지만 예절 바른 겸손은 사람을 불러온다. K대표가 겸손했기에 주변에 사람들이 도와주었던 것이다. 돈 벌었다고 우쭐댔다면 그를 도와줄 사람도 그를 멀리했을 것이다.

사람 운을 부르는 사람을 관찰해보자. 거만하거나 사람을 업신여기지 않는다. 잘난 사람이건 못난 사람이건 차별하지 않는다. 항상 겸손하고 예의가 바르며 남을 배려할 줄 안다. 이런 사람에게 호감 가고 좋은 정보가 있다면 하나라도 더 주고 싶은 법이다.

겸손, 예의, 배려는 절대 하루아침에 나오지 않는다. 오랜 시간 몸에 익혀야 하고 생각과 마음이 배어있어야 한다. 그 시작이 인성에 달린 것이다. 좋은 사람 곁에 좋은 사람이 모인다. 청소년 시기는 사람 보는 눈이 부족해 인성과 상관없이 친해질 수 있지만 어른이 되면 그렇지 않다. 나이를 먹으면 기본예절이나 매너, 언어 등 사람을 다각적으로 볼 줄 안다. 그리고 인간의 기본이 갖춰지지 않은 사람의 곁을 떠나기 마련이다.

어떤 일이든 혼자 할 수 없다. 주변에 사람이 있어야 한다. 정보를 얻는 것도 그렇다. 정보를 얻는 수준을 넘어 청탁을 하면 문제가 되지만 평소 주변에 사람이 많아 고급 정보를 준다면 남들보다 유리한 상황에 있는 것이다.

사람에게 호감을 주는 요소는 많다. 호감을 주는 요소 중 인성에서 발산하는 예의와 매너는 매력적이다. 예의와 매너를 보고 좋은 사람들과 인연이 가능하다. 사람이 내는 시너지는 폭발적이다. 그 시너지가 사회적, 인간적으로 성공할 수 있는 요인을 준다. 거기에 행복은 저절로 따라오는 법이다.

08

빈말과 거짓말은 악마의 유혹이다

어릴 때 읽은 세계명작동화 피노키오는 1883년 이탈리아 작가 콜로디가 발표한 동화 《피노키오의 모험》에 등장하는 주인공이다. 목수 제페토가 나무를 깎아 만든 나무인형 피노키오가 펼치는 다양한 모험담을 담고 있다. 특히 재미있는 부분은 거짓말을 하면 피노키오의 코가 조금씩 길어진다는 것. 그래서 거짓말을 했을 때 얼굴이 붉어지거나 눈이 씰룩씰룩해지는 상태를 보며 거짓말을 확인하는 '피노키오 증후군'이란 말이 생기기도 하였다.

실수와 잘못을 반복하고 거짓말을 상습적으로 했던 피노키오가 사람이 될 수 있었던 것은 진심으로 후회하고 용서를 구했기 때문이다. 그리고 피노키오를 포기하지 않고 다독이고 용서하고 바른 길로 나아가도록 인도한 요정과 귀뚜라미와 제페토 할아버지 덕분이다.

세상에는 거짓말을 하고도 태연한 사람이 있는가 하면 거짓말을 하면 대번에 표가 나는 사람도 있고 아예 거짓말을 하지 못하는 사람도 있다. 거짓말을 안 하고 사는 것이 최상이다. 자녀가 거짓말을 했을 때 꾸중을 해야겠지만 다그치기보다는 믿고 기다려주고 잘못을 용서해주는 사랑이 있어야 한다.

자장면을 시키고 기다리다 못해 전화를 걸면 90% 이상이 '출발했다.'고 하며, 직장에서는 상사의 업무 재촉에 '거의 다 됐다.'라는 대답이 가장 많은 거짓말이라고 한다. 이런 경우 고객 또는 상사의 추궁을 순간 벗어나기 위한 거짓말이라는 것을 우리는 너무도 잘 안다. 그러나 아이들에게 거짓말을 합리화하는 교육은 하지 않아야 한다. 거짓말은 자기합리화의 습관이 돼 버린다. 나중에는 그것이 거짓말이란 것조차 모르고 잘못을 인지하지 못한 채 살아가기도 한다.

요즘 시집살이는 시어머니의 시집살이가 아니라, 며느리 시집살이라는 말을 자주 듣는다. 중간 세대에 끼어있는 젊은 어머니들은 시어머니께도 며느리에게도 시집살이 고통을 이중으로 겪고 있다.

예절 강사를 하고 있는 지인의 이야기다. 얼마 전 며느리를 들였다. 며느리는 현명하고 싹싹하여 시집의 모든 일에 적극적이었고 긍정적이었다. 하는 일마다 마음에 들었고, 하는 일마다 예쁘고 사랑스러웠다. 명절 때는 일찍 와서 음식 차리는 일도 돕고 청소며 집안 일도 열심이었다. 아들은 며느리와는 다르게 철이 없어 추석이 휴가인 듯 친구들을 만나러 나가기에 바빴다. 일도 잘하고 열심인 며느리에 비해 아들을 잘못 키운 것 같고 며느리 보기에도 미안했다. 명절음식을 차린 그릇이며 저녁을 먹은 그릇까지 설거지가 산더미처럼 밀려 있었다. 시어머니는 안쓰러운 마음에 설거지를 하려는 며느리에게 '피곤할 텐데 들어가서 쉬어라.'고 했다. 그런데 정말 며느리는 방에 들어가 텔레비전을 보고 휴대폰을 만지작거리며 노는 것이었다. 시어머니가 송편을 만들고 시아버지가 그 많은 설거지를 다 하고 거실 바닥까지 닦았다. 그사이 며느리는 놀다가 방바닥에 눕더니 그대로 잠을 자고 있었다. 시어머니는 기가 막혔다. 자는 것을 깨울 수도 없고 '요즘 젊은 며느리들 정말 버릇이 없구나.' 생각하며 한탄을 했다.

하소연을 해도 소용없는 일이다. '피곤해도 조금만 더하고 쉬자.' 고 했다면 며느리는 일을 더하고 쉬었을 것이다. 참말만 하고 살아온 며느리는 시어머니의 말씀을 거역한 것이 아니다. 시어머니가 하라는 대로 피곤하니 들어가서 쉰 것이다. 그런데 시어머니는 자신의 말은 생각하지도 않고 요즘 젊은 것들 철이 없다고 한탄을 한 것이다. 시어머니는 참말을 하지 않은 것이 문제였다. 말을 A로 하고 B로 알아듣기를 바란다면 어불성설이다. 그래서 참말을 해야 한다는 것이다. 며느리는 시어머님의 말씀을 참말로 알아듣고 따랐을 뿐이다.

습관은 쉽게 고쳐지지 않았다.

"내 생일에 바쁜데 뭐하러 오냐, 오지 마라. 아버지 생신 머지않았으니 그때 와라."

아들 며느리에게 빈말을 하였다. 정말 아들 며느리는 전화 한통 하지 않고 오지도 않았다. 이때 아들 며느리에게 서운해야 하는 것이 옳은 일인가? 자식들도 어머니 말씀에 어찌해야 할까, 하는 혼동이 있었을 것이다. 어버이날 용돈과 선물을 주는 아들에게

"이런 것 안 줘도 된다, 너희들끼리 잘사는 게 우리의 최고 소원이다."

라는 말을 하여 다음 해부터 어버이날 선물을 못 받았다면 누구 잘못인가. 전에는 이런 빈말로 젊은이들이나 상대방을 눈치 없다고 몰아붙이기를 한 사람이 많다. '개떡같이 말해도 찰떡같이 알아들어라' 는 속담이 있다. 참 헷갈리는 말이다. 심지어 맥락을 잘 찾지 못한다고 눈치주기도 한다. 이렇게 말하고 저렇게 알아들으라니, 그게 바로 개떡 같은 말이다. 엉망진창인 소통법이다. 우리의 정서 운운하며 이심전심 운운하며 빈말을 자기 마음대로 알아들으라고 한다면 그것은 상대에게 고통일 수밖에 없다.

말을 한다고 그대로 행하는 것이 철이 없고 눈치가 없을 수도 있겠지만 진정 마음에 있는 대로 대화를 한다면 이런 문제는 없을 것이다. 지인은 그 이후로는 진정한 참말을 하려고 노력한다고 했다.

말이란 생각을 담는 그릇이다. 사상과 감정을 나타내는 표현의 소리이다. 우리 인간이 이 지구상의 동물 중에서 만물의 영장인 것

은 언어가 있기 때문이다.

언어는 각양각색의 뜻을 담고 있다. 말은 자신을 표현하는 도구로 인격을 표현한다. 말하는 것을 보면 그 사람의 인품을 알 수 있다. 참된 사람은 참된 말만하고 진실된 사람은 진실된 말만 한다. 반면에 거짓된 사람은 거짓된 말만 하기 때문에 그의 인격도 격하된다. 보기에는 고상하고 품위 있어도 거짓된 말로 자신의 가치를 떨어뜨리는 사람이 있다. 인간의 존재 가치, 인격, 사상을 나타내는 진실된 말은 사람을 감동시킨다.

'세상을 살면서 거짓말을 한 번도 하지 않았다.'라는 말이 진짜 거짓말이라는 말이 있다.

이처럼 우리는 거짓말이 쳐놓은 보이지 않는 거미줄 속에서 살고 있다고 해도 과언이 아니다. 현대 사회는 수백, 수천 가닥의 대인관계 그물망 안에서 모든 일들이 이루어지고 있다. 그 누구도 그 관계망의 범주를 벗어나기가 쉽지 않다. 사회의 가장 기초가 되는 가정은 그 관계망의 정점이자 중심이다. 인생 출발점인 가정 안에서부터 거짓말이라는 거미줄은 치지 말아야 한다.

부모가 담배를 피우면서 자녀에게 '아빠, 담배 끊었어.' 라든가 집에 있으면서 '엄마 없다고 해.' 라는 사소한 거짓말부터 하지 않아야 할 것이다. 어릴 때부터 부모의 거짓말을 보고 자란 아이들은 숙제를 하지 않고도 '숙제 했다.'는 거짓말을 할 것이다. 스펀지처럼 빨아들이고 그것이 잘못이라고 생각 못하고 당연히 받아들이기 때문이다.

오래전부터 거짓말 탐지기가 나와 사용되고 있으며 요즘 거짓말 어플도 나와 재미로 이용하고 있다. 점점 발달하는 거짓말 탐지기, 어느 정도까지 사람의 진심을 알 수 있을까? 이런 것들이 사용되어지면서부터는 인간의 진실된 믿음까지도 깨질 것이란 위험한 생각을 하게 된다. 상대를 위한 하얀 거짓말도 되도록 하지 말아야 한다. 세계 3대 거짓말인 처녀가 '시집 안 가겠다', 장사꾼이 '이문이 없다', 노인의 '죽어야지'라는 반어법적인 거짓말조차 안 하는 것이 참 세상에서 예쁘고 아름답게 살아갈 수 있는 방법이다.

참말만 하고 편하고 즐겁게 살아야 한다. 그것이 진정한 자유다. 거짓말로 스스로가 면죄부를 주고 자기 합리화의 모순에 빠지는 일은 없어야 할 것이다. 거짓말이 불러일으키는 폐해, 불편함과 불안이 마음속에 맹독으로 퍼지는 순간, 피노키오처럼 코가 길어지는 불안을 온몸으로 느끼며 살게 될 것이다. 거짓말로 인한 죄의식으로 살아야하는 무거운 유산을 사랑하는 아이들에게 남기지 말자.

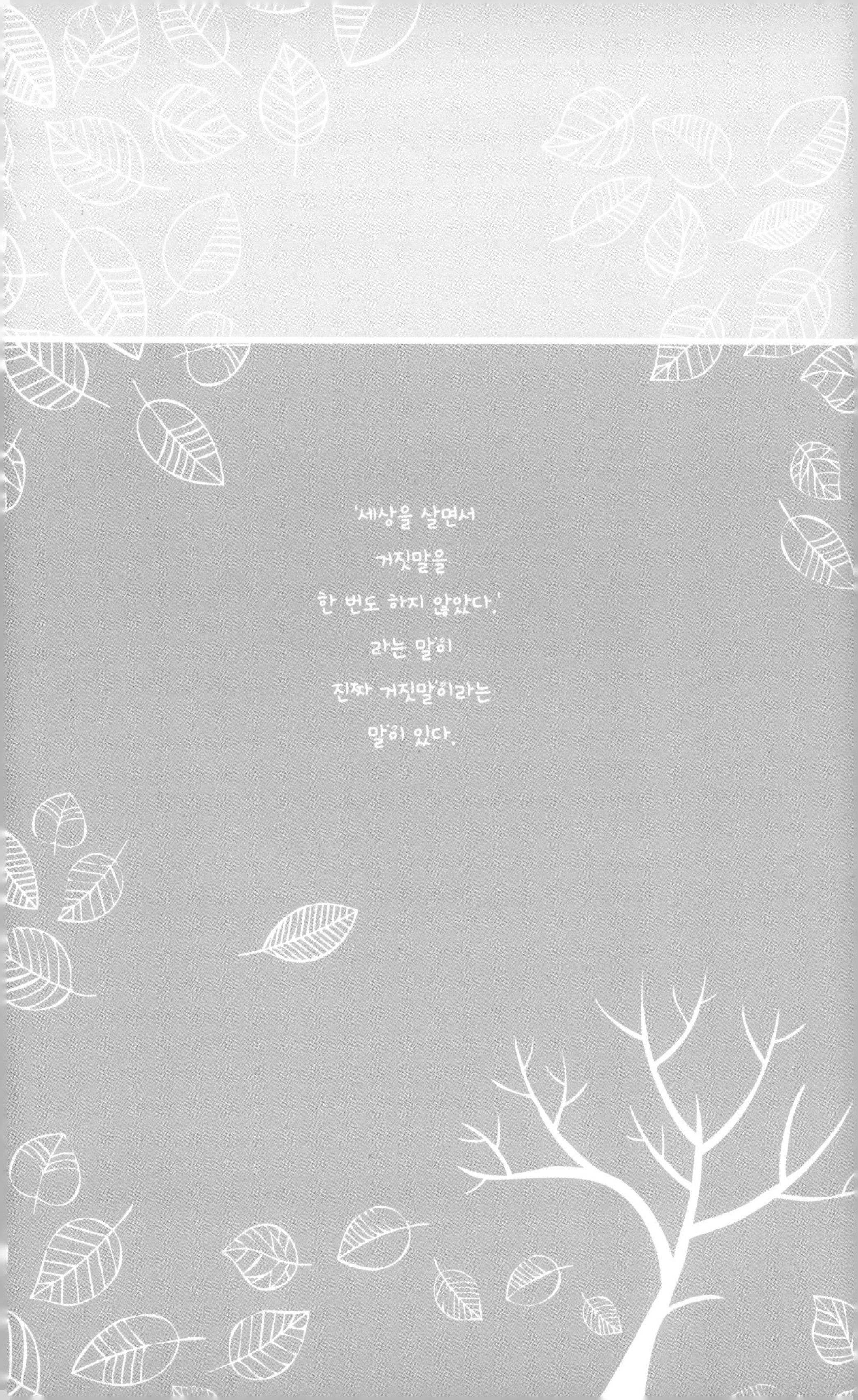
'세상을 살면서
거짓말을
한 번도 하지 않았다.'
라는 말이
진짜 거짓말이라는
말이 있다.

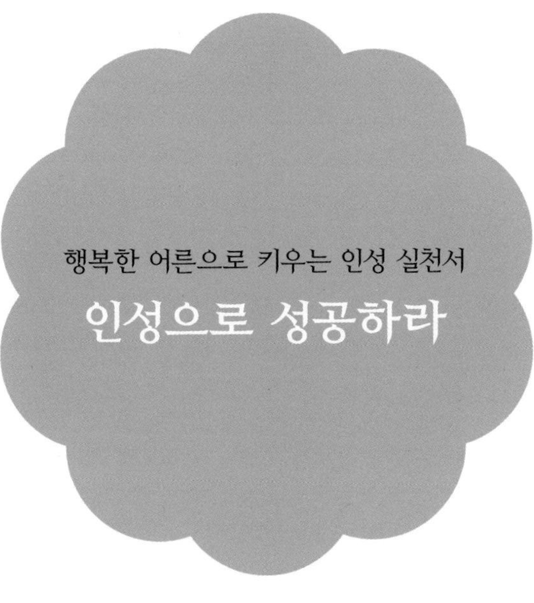

행복한 어른으로 키우는 인성 실천서
인성으로 성공하라

2장

인성은 인생 최고의 경쟁력이다

01

욕망의 절제야말로 퍼스널리티(personality) 형성의 ABC

초단위로 정보가 올라오는 세상이다. 세상이 빠르게 변하고 있음을 체감한다. 사람은 기계가 아니므로 변화에 스트레스를 받는다. 변화에 적응하기 위한 스트레스는 긍정적이나 초단위의 변화는 스트레스다.

현대인에게 스트레스는 관리 대상이다. 스트레스를 안 받고 살 수 없다. 치열한 경쟁 속에 살얼음판을 걷는 현실이다. 어른들은 물론 청소년까지 고 카페인 음료를 마시고, 게임에 중독되는 걸 볼 수 있다. 스트레스를 풀기 위함이라고 하나 스트레스를 이기지 못해 충동적인 행동을 하는 경우가 늘어나고 있다.

인터넷이 발달하며 철저히 기록사회로 변했다. 한 번 실수로 영원히 지워지지 않는 상처를 받을 수 있다. 고등학교 때 이런저런 이유로 출석을 제대로 하지 않은 취업준비생이 있다. 그리고 사고도 여러 번 쳤다. 대학을 진학하지 못해 최종학력은 고졸. 취업을 하고 싶어 이력서를 내면 생활기록부를 제출해야 한다. 고등학교를 졸업한 지 6년이 넘었는데도 고등학교 생활기록부가 그를 힘들게 하고 있다. 세월이 지났는데도 잊혀지기는커녕 불성실했던 기록이 그를 따라다닌다.

종종 자기 통제력을 잃고 행동하는 사람을 볼 수 있다. 꼴불견이다. 이들은 남에게 피해를 주어 처벌을 받기도 한다. 청소년도 마찬가지다. 폭발하듯 폭력을 행사하거나 폭언을 쏟아내는 것. 자기 통제력을 잃은 일이다.

다음은 청소년은 물론 성인까지 포함되어 자기 통제력을 잃게 하는 원인이다. 원인을 알아야 진단이 나오며 해결책도 제시할 수 있다.

첫째, 과로와 스트레스

부모는 너무 바쁘고 치열한 현장에서 살아가고 있다. 자기계발하지 않으면 도태되며 언제 어디서 경쟁자가 나타날지 모른다. 청소년들도 마찬가지다. 좋은 대학은 한정되었고 그곳에 가야 성공한다는 공식이 뿌리 깊게 박혀있다. 정보를 통해 취업 스트레스를 간접적으로 받고 있다. 자기 통제력은 건강한 신체와 정신에서 나온다. 과로와 스트레스로 자기 조절능력을 키워야 한다.

둘째, 게임 등 오락의 악영향

아이들은 부모나 교사를 보고 자기 통제력을 배울 수 있고 영화, 책을 통해 자기 통제력을 배울 수 있다. 과격해지는 게임과 파괴적으로 변화하는 TV, 영화 장면을 보며 충동적으로 행동한다. 스마트폰 발전으로 노출은 더욱 쉬워지고 현실과 가상세계를 구분하지 못하는 일이 생긴다.

셋째, 어린 시절 트라우마

"어린 시절 뇌에 손상을 입게 되면 두뇌의 화학작용을 변화시킬 수 있으며, 쉽게 폭력적인 행동을 하고 분노를 제대로 억제하지 못하게 된다." 미국 정신의학 교수 도로시 루이스의 말이다. 폭력성과 충동성은 어린 시절과 관련이 깊다. 트라우마는 치료가 쉽지 않다.

1966년 미국 스탠포드대학의 미셸 박사는 4살 아이들을 대상으로 자기통제 실험을 했다. 빈 방에 아이를 두고 마시멜로 한 개가 든 접시와 두 개가 든 접시를 놓고 어른이 돌아올 때까지 먹지 않고 기다리면 두 개를 주겠다고 약속한 후 15분 동안 어떤 선택을 하는지 관찰하는 실험이다.

아이들은 세 가지 선택을 할 수 있다. 어른이 나가자마자 먹거나 참다가 먹거나 끝까지 참고 기다리거나의 선택이다.

15년 후, 마시멜로를 먹는 것을 참고 기다린 아이들은 참지 못한 아이들보다 학업성취도나 건강상태, 사회적응력, 가족관계 등이 월등히 좋은 것을 알 수 있었다.

마시멜로 실험의 결과로 알 수 있는 것은 기다림을 배우는 것, 자기통제력의 중요성을 알게 되는 것이다.

평범한 40대 직장인이 휴대폰 요금 폭탄을 맞았다. 내막을 살펴보니 중학생 딸이 아버지가 잠든 사이 휴대폰 결제를 한 것이다. 주로 결제한 곳은 인터넷 개인방송 사이트였다. BJ들이 이야기나 춤, 먹는 방송으로 즐겁게 하면 고마움의 표시로 돈을 선물해 준다. 중학교 1학년 딸은 좋아하는 남자 BJ에게 매일 선물을 주었다. 딸은 그곳에서 '회장님'으로 통했고, 그 재미로 돈을 펑펑 썼다. 다행히 그 행동은 한 달 가량 지나 아버지에 의해 멈췄지만 만약 다른 결제수단이 있었다면 더 큰 금액을 사용했을 것이다.

돈은 매우 소중한 가치며 현대를 살아가는 사람에게 자유를 준다. 소비를 부추기는 사회에 살다보니 '지름신'이라 표현할 정도로 돈을 쉽게 쓰는 경향이 있다. 충동구매를 조절하는 방법과 돈의 소중함을 교육하며 자기 통제력을 늘려야 한다.

최근 청소년, 어린이를 대상으로 경제 교육이 늘고 있다. 부모와 자녀가 함께 가서 교육받는다면 한층 더 도움이 된다. 경제교육으로 돈은 수단인 동시에 자유를 준다는 사실을 깊이 깨달을 것이다.

자기 통제력을 잃지 말아라. 자칫 잘못 하면 신체에 큰 상해를 입힐 수 있다. 자기 통제력을 길러서 보다 냉철하고 객관적인 시야를 갖는 자녀로 키우자. 그 힘은 성인이 되어 유혹이 많은 세상에 분별의 힘을 줄 수 있다.

02

결정권과 주도권을 줄 땐 책임도 딸려 보내라

취업난이 심화되면서 기숙학원이 전성기를 누리고 있다. 과거 수능시험을 위한 기숙 학원은 있었다. 그런데 이젠 공무원 시험이나 대기업 취업을 위한 기숙 학원이 폭발적으로 증가되었다. 기숙 학원의 운영 실정을 보면 성인에게 '이렇게까지 해야 하나?' 할 정도로 통제가 심하다. 기본적으로 휴대폰과 인터넷은 통제다. 철저히 스케줄에 따라 공부하며 공부 중 다른 짓을 하면 바로 경고를 준다. 조금 황당한 건 이성과 대화를 하다 적발되면 부모님께 통보한다는 것이다. 이처럼 어린아이도 받지 않는 통제를 스무살을 넘긴 성인들이 받고 있다. 그것도 월 100만원 정도의 금액을 내면서 말이다. 취업난이 얼마나 심각한지 알 수 있고, 그 속에서 살아가는 청년들의 절박한 실상을 볼 수 있다. 그러나 생각해야 할 부분이 있다. 이 기사를 다룬 뉴스에서 전문가가 나와 결정권과 주도권을 가져본 적 없는 삶에 대해 이야기했다. 누군가의 지시를 받고 그것에 따르는 모습에 익숙해진 우리 청소년의 삶이 성인이 되어 나타났다는 것이다. 씁쓸하기만 하다.

청소년기 결정권과 주도권을 겪지 못하는 건 성격이나 성향의 문제가 아니다. 교육시스템의 문제라고 볼 수 있다. 대학입시라는 획일적으로 정해진 성공기준이 있고 거기에 도달하는 방법이 똑같다. 그렇기 때문에 결정권과 주도권이 없이도 그 길만 가면 될 뿐이다. 성인이 되면 무엇을 어떻게 해야 할지 모르는 것은 당연하다.

결정권과 주도권을 말할 때 직업 이야기는 빼놓을 수 없다. 모든 CEO의 고민 중 하나가 직원들을 '어떻게 자발적으로 일을 시킬까?'다. 보상을 많이 주면 자발적으로 한다지만 보상이 줄어들면 끝이다. 자발적으로 일하기 위해선 직원에게 결정권과 주도권을 주는 것이다. 사람은 누구나 자기가 그린 그림으로 무언가를 추진하고 싶어 한다. 자발적으로 일하는 직원이 많기를 희망하는 CEO라면 직원들의 권한에 대해 고민해야 한다.

아이에게 어떤 결정권을 준 적이 있을 것이다. 결정권을 받은 아이의 눈을 보면 어느 때보다 반짝거린다. 그리고 결정사항에 대해 칭찬하면 아이는 기쁨에 행복해한다. 이것이 결정권과 주도권이 가진 힘이다.

인성교육을 생각해보자. 고등학생 1학년 남자아이를 키우고 있는 엄마와 상담을 한 적이 있다. 어린 시절 다른 남자 아이들에 비해 키우기가 수월했다. 즉 말을 잘 들었다. 사춘기도 짧았고 담임 선생님과 부모 의견을 따라 고등학교를 진학했다. 고등학교에 진학해서도 선생님 말 잘 듣고 착한 학생으로 공부 중이다. 엄마는 순종적인 아들이 서서히 걱정스러웠다. 때에 따라 어떤 주장에 의심도 보내야 하고 스스로 결정도 해봐야 하는데 그런 경험이 거의 없었기 때문이다. 혼자 무엇을 추진할지도 몰랐다. 엄마의 교육방법에는 큰 문제가 없는 듯 하며 아이의 성향이고 기질로 볼 수 있다. 그렇지만 너무 순종적이면 사회에 나가 어떤 역할을 할 수 있을지가 고민이다. 취미 활동을 권했다. 취미가 자칫 자기만의 세계에 빠지더라도 무언가 주도한다면 괜찮다고 생각한다.

스스로 할 수 있는 능력을 키워주는 것이 책임감 있는 가정교육이다. 독립심이 강하고 강인한 의지력을 지닌 자녀로 키우기 위해서는 자녀들이 하는 사소한 일까지 지나치게 간섭해서는 안 된다.

어떤 부모는 하루에 몇 번씩이나 아주 사소하고 기초적인 일까지 챙겨 주어야만 마음을 놓는다. 아이가 일어설 때 넘어질까 걱정하고 뛸 때에도 넘어질까 걱정한다. 아이가 해야 할 숙제도 대신해주고 세수도 시켜주며 밥까지 먹여준다. 자식이 한없이 부족해 보인다. 그런 부모는 자신의 행동이 문제가 있다고 느끼지 못한다. 그것이 문제다.

자녀를 사랑하고 보호해야 한다는 생각이 지나친 경우, 부모의 과보호로 나타난다. 보호 속에서만 자란 아이들은 독립심과 의지가 약하다. 부모의 과보호를 받고 자란 아이들은 의존적이다. 특히 사회성이 부족하여 현실에 대한 적응력이 뒤떨어진다. 부모가 자녀의 삶을 언제까지나 돌보아줄 수는 없다. 부모가 자녀를 위해 무엇이든 도와준다는 것은 결국 아이 스스로는 아무 일도 못하게 막는 일이 된다.

참을성과 끈기 있게 해내려는 의지와 노력은 평소에 자기 일을 자기가 해야 한다는 마음에서 시작된다. 온실 속에서만 가꾸던 화초는 모진 바람이 부는 바깥에 내놓으면 이를 극복하지 못하고 곧바로 시들거나 죽어 버린다.

부모의 맹목적이고 본능적인 자녀보호는 이와 비슷한 결과를 가져올 수밖에 없다.

자녀들이 하고 싶은 것과 해야 할 일을 바르게 분별할 수 있도록 도와주는 것이 진정한 사랑이요, 가정교육이다. 자녀가 해야 할 일과 기능이 부모에 의해 이루어진다면 자녀들의 몸은 자라지만 정신적으로는 성숙한 사람이 되기 어렵다.

스티븐 코비의 '성공하는 사람들의 7가지 습관'에서 첫 번째로 발견한 습관은 성공한 사람들은 누가 시켜서 일하지 않고 주도적이라는 것이다. 주도적인 사람은 심사숙고하여 반응한다. 자기 자신의 행동에 대해 책임을 진다. 가치관에 초점을 맞추어 행동한다.

에릭슨의《인간발달의 8단계설》에 의하면 주 양육자인 엄마와의 사이에 기본적인 신뢰감이 형성되어야 한다고 보고 있다. 이 신뢰감이 형성되면, 아이는 방패막이인 엄마를 믿고 자유롭게 세상을 탐색하는 자율성을 발달시킬 수 있다. 그리고 자율성이 발달된 아이는 자라면서 목적의식을 지니고 스스로 더 넓은 세상을 향해 도전할 수 있게 된다.

우리나라 부모는 영유아들이 미성숙하다는 생각에서 자율적인 행동을 하도록 수용하지 못한다. "안 돼", "너는 못 해", "내가 해 줄게", "위험해, 다쳐", "가만 있어." 등등의 지시적이며, 부정적인 말로 행동을 통제하는 편이다. 그래서 주도적인 행동을 하기보다는 부모나 교사의 눈치를 보고 머뭇거리게 된다.

아이가 무엇인가 시도하려고 할 경우, 엄마의 시각에서 마음에 들지 않거나 위험하다고 느낄 경우, 엄마가 먼저 멈추게 한다. 그런 경험을 많이 하게 되면 자신이 스스로 결정할 수 있는 능력을 키울 수 없게 된다.

자기 주도적인 학습에서 중요한 것은 부모의 올바른 가르침이다. 그 후로 아이에게 맞는 합리적인 학습 방법을 모색하면서 결국은 아이가 스스로 독립하고 자립하는 법을 일찍 깨닫게 된다. 계획과 관리가 습관화되어 궁극적으로는 어른이 되어 사회 일원으로서 창의적이고 자기주도적인 사람이 된다.

무조건 잘 되기를 바라거나 막연하게 훌륭한 사람이 되길 바라는 것은 옳지 않다. 부모도 함께 고민하면서 아이에게 주도적인 습관을 형성하는데 많은 도움을 주어야 한다. 주도적인 습관형성은 학습뿐만 아니라 인성교육에도 필요하다. 자신의 일을 스스로 할 줄 알고 주도적으로 하는 아이들은 쓰레기를 버리는 일, 무단횡단을 하는 일, 욕을 하는 일 등 할 수 있는 일과 해서는 안 될 일을 가릴 줄 알고 예의 바른 행동으로 옮길 줄 안다.

아이에게 결정권과 주도권을 주는 걸 어려워하지 말자. 아이의 의견을 듣고 옳다고 생각하면 실행하자. 그렇지 않다면 논리적인 근거로 설명해주면 된다. 마트나 문구점에 갔을 때 "3,000원 이하에서 마음껏 골라봐."처럼 스스로 결정하는 기회를 주고 결정에 대해 칭찬하면 된다. 아이에게 합리적인 결정권과 주도권으로 세상의 주인공이 될 수 있도록 해주자.

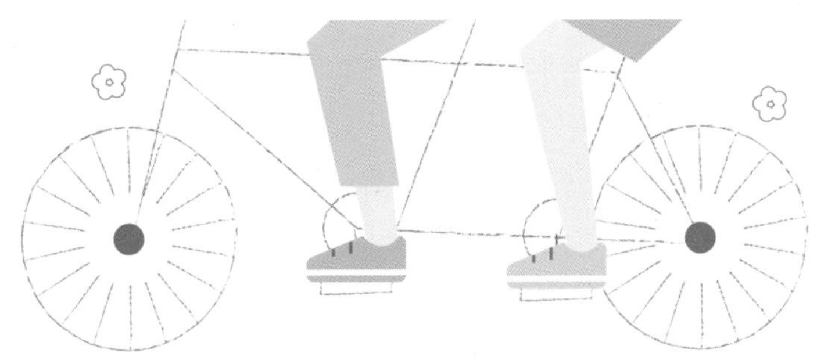

03

'성실'은 버려야 할 유물이 아니다

서울에 있는 평범한 회사원이 월급을 모아 아파트를 사려면 한 푼도 사용하지 않고 13년(평균 월급 356만원, 아파트 매매가 5억5천 만 원 기준)이 걸린다는 통계가 있다. 생활비 등을 생각해도 아파트 한 채 장만하는 데 20년 넘게 걸린다.

이처럼 치솟는 집값과 부의 대물림, 부모의 재력이 직업을 결정해버리는 현실 때문에 한탕주의에 빠지는 걸 쉽게 볼 수 있다. 대표적인 한탕주의가 바로 로또 판매량이다. 2016년 로또 판매량은 신기록을 기록했다. 그 외에 한탕주의에 빠진 과도한 투자, 사기행각을 뉴스에서 쉽게 볼 수 있다.

한탕주의가 만연할수록 대접받는 가치가 있다. 바로 성실이다.

과거에 성실은 당연한 가치로 생각했다. 그러나 시간이 흐르면서 성실의 가치는 대단히 높게 평가받고 있다. 인성교육에서 성실을 결코 빼놓을 수 없다.

"제대로 된 사람 구하기가 힘드네요."

동네에서 카페를 운영하는 주인이 했던 말이다. 얼마 전 아르바이트생 한 명이 문자로 그만 다니겠다고 일방적 통보를 했다. 아르바이트생은 평소에도 친구를 주방에 데려오거나, 청소를 제대로 하지 않아 속을 썩였다. 주인은 아르바이트생 구하기 힘든 곳이기 때문에 참고 일을 시켰다고 한다. 그러나 예고도 없이 그만두겠다는 문자에 화가 났다. 사람을 구할 때까지 발만 동동 굴러야 했다. 정말 성실한 사람이 있다면 시급을 더 줘서라도 고용하고 싶다고 하소연했다.

그만둔 아르바이트생이 제대로 된 직업윤리 교육을 받았다면 문자로 일방적 통보는 하지 않았을 것이다. 한번 들인 업무태도는 평생 간다고 한다. 그래서 사회 첫 경험이 중요하다. 아르바이트라 해서 대충한다면 정식 직장을 구했을 때도 대충할 수 있다. 작은 일도 성실하지 못한데 큰일이라고 성실할 수 있겠는가.

성실의 중요성은 통계적으로도 볼 수 있다. 취업 포털사이트 '잡코리아'에서 조사를 했다. 남녀 직장인 622명에게 Y세대 직원 평가를 물었다. 여기서 Y세대는 1980년 이후에 태어난 세대로 인터넷을 접하고 조기유학, 어학연수가 보편화된 세대다. Y세대의 강점으로는 외국어와 국제 감각(36.7%)을 뽑았다. 반대로 부족한 점은 성실성(55.3%)을 뽑았다. 그래서 잡코리아에서 1만 2,665건의 채용공고를 분석한 통계에서 기업이 요구하는 인재상은 성실성(74.5%, 복수응답)이 1위에 올랐다. 기업도 성실한 인재를 요구한다.

기업에서 성실한 인재를 요구한다는 건 중요한 문제다. 과거 성실함은 따로 교육이 필요 없는 대상으로 생각했다. 농경사회에서 성실하지 않으면 굶을 수밖에 없었다. 몸을 부지런히 움직여야하는 건 당연했다. 성실은 따로 교육이 필요하지 않았다. 인성교육은 성실을 매우 중요한 가치로 생각한다.

2017년 예능계의 핫이슈는 전 룰라 맴버 이상민 씨다. 큰 빚을 진 과거를 숨김없이 말하며 여러 개의 예능프로그램을 진행하고 있다. 여러 프로그램을 진행할 수 있었던 건 신뢰감과 호감이 높다는 증거다.

이상민 씨는 홀어머니 밑에서 가수로 자수성가했다. 그런데 무리한 사업으로 상상하기 힘든 빚을 진다. 보통 사람이라면 파산 신청하거나 채무불이행 범죄자로 전락할 수 있다. 그러나 이상민 씨는 빚을 천천히 갚아나가며 방송에 출연을 하고 있다. 모 방송에서 빚이 어느 정도 정리되고 있다는 좋은 소식을 보냈다.

이상민 씨가 예능프로그램에서 신뢰감과 호감을 줄 수 있었던 건 그의 성실함이라 생각한다. 큰 빚이 있음에도 불구하고 밝은 모습을 잃지 않고 성실히 빚을 갚아가는 모습에서 사람들은 박수와 응원을 보낸다.

몇 년 전, 부러움의 대상인 '엄친아 엄친딸'이 유행했었다. 엄마 친구의 아들, 딸을 부르는 말로 그 첫 번째 대상이 피겨여왕 김연아 선수였다. 김연아 선수를 만든 건 어린 시절 무수히 찧어야 했던 엉덩방아였다. 또래 친구들은 소소한 즐거움으로 학창시절을 보낼 때 김연아 선수는 모든 걸 포기해야 했다. 여기에 김연아 선수를 만든 중요한 가치가 있다. 바로 성실함이다. 김연아 선수가 자신의 소질만 믿고 연습을 성실히 하지 않았다면 지금과 같은 명예도 없었다. 무수한 엉덩방아 속에 포기하지 않는 성실함이 있었기에 지금의 김연아가 있는 것이다.

성실의 가치는 직장뿐만 아니라 인생 자체에도 큰 영향력을 행사한다. 우리가 알고 있는 명장, 장인, 고수, 베테랑 등 자기분야에 최고경지에 오른 사람 모두는 일정한 연습시간이 있다. '1만 시간의 법칙'이다. 1만 시간도 단순 연습으로 보내는 게 아니다 무수한 개선과 치열한 연습이 있어야 한다. 성실함이 없다면 1만 시간을 달성할 수 없다.

이처럼 직업은 물론 삶의 가치, 방향까지 영향력을 행사하는 성실함에도 체계적인 교육이 필요하다. 몇 년 전부터 인터넷에는 한탕주의 소식이 넘쳐난다. 성실히 일하고 땀 흘리며 일하는 사람들

은 기운이 빠진다. 인터넷을 원천 차단할 수는 없겠지만, 투기해서 돈을 번 소식보다 차곡차곡 모은 돈과 정당한 투자로 부를 이룬 소식을 많이 접하게 해야 한다. 또한 세월의 조공을 바친 장인의 이야기를 접할 수 있는 환경을 만들어야 한다.

우리나라를 상징하는 용어 중 하나가 '빨리빨리 병'이다. 빨리만 할 수 있다면 정상적인 방법은 무시해도 된다는 인식이 있었다. 지금은 달라지고 있지만 여전히 과정보다 결과를 중요시한다. 빨리빨리 병은 어른들이 만들어 놓은 성공 공식으로 가는 방법이다. 성실함은 무시된 가치다.

빨리빨리 병의 문제점은 오래전부터 나오기 시작했다. 이젠 시간의 가치와 시간이 만들어내는 성실함을 대접해야 할 시대가 왔다. 직업적으로 개인 삶에서 성실은 대단히 중요한 가치가 될 것이다. 성실의 의미를 재정립할 필요가 있다.

04

'함께(Together)'의 즐거움으로 성공을 설계하라

"저는 항상 사람들한테 말해요. 저는 다만 일개 배우 나부랭이라고. 60여 명 정도 되는 스탭들과 배우들이 멋진 밥상을 차려놓아요. 그러면 저는 그냥 맛있게 먹기만 하면 되거든요. 근데 스포트라이트는 제가 다 받아요. 그게 정말 죄송스러워요. (트로피를 가리키며) 여기 이 여자 발가락 몇 개만 떼어 가면 제 것 같아요. 스텝들한테 그리고 감독님한테 너무너무 감사드리고요."

1,000만 영화배우 황정민씨가 영화《너는 내 운명》남우주연상을 받으면서 했던 수상소감이다. 이 수상소감은 인터넷을 탔고 사람들은 황정민 씨를 다시 보게 됐다. 그리고 황정민 씨에 관한 미담이 인터넷을 타고 널리 알려진다.

같은 일을 하는 어느 여성 배우는 촬영장에 늦게 도착하는 것은 물론 욕설과 폭언으로 사회적 물의를 일으켰다. 욕설과 폭언 소식은 인터넷과 SNS를 타고 빠르게 번져갔다. 여성배우는 해명했지만 스탭 중 한명이 자신의 SNS에 목격담과 사진을 올리며 큰 파장을 불러 일으켰다.

황정민 씨는 스크린의 흥행보증수표다. 좋은 배역과 탁월한 연기 실력이 있기 때문이다. 그러나 그것이 전부일까? 그의 수상소감에서 보듯 60여명의 스텝이 그를 도와주고 있다. 여기에 황정민 씨를 좋아하는 수많은 영화 팬들이 있다. 만약 그가 촬영장에 지각하고 스텝에게 폭언과 욕설을 했다면 성공할 수 있었을까? 이미지 관리나 마케팅으로 일시적 성공은 가능해도 배우로서 지속적인 성공은 어려웠을 것이다. 황정민 씨는 스텝이 있기에 자신이 성공할 수 있다는 걸 알고 있었다. 그렇기 때문에 수상소감에서 감사함을 이야기 한 것이다.

연예인은 일반인에 비해 말과 행동의 파장이 크다. 그래서 연예인을 공인이라 부를 수밖에 없다. 인터넷과 SNS가 보편화 되면서 아이돌 가수 말과 행동이 일파만파로 번진다. 일부 아이돌 가수는 '개념 발언'으로 박수를 받고 일부 연예인은 상식 밖의 행동으로 비난을 받는다. 모 연예인의 경우 할로윈데이 복장으로 독립운동가 유관순 열사를 하고 술에 취한 사진이 올라와 큰 비난을 받았다. 인터넷과 SNS가 가진 파급력이다.

고등학생 아들을 둔 어머니가 상담실을 찾았다. 아들이 학교에서 청소를 하는 아저씨께 욕설을 했다는 것이다. 문제는 아이가 욕을 한 것을 동영상을 찍어 친구들끼리 공유했다는 것. 현재 우울증을 앓고 있으며 집 밖으로는 한 발자욱도 나가지 않는다는 것이다. 미화원 아저씨께 사과를 했고 진심으로 한 사과는 받아들여졌다.

그런데 문제는 이 학생의 신상정보가 SNS를 타고 번졌다는 것이다. 욕설을 한 것도 큰 잘못이지만 신상정보가 퍼지면서 2차 피해가 발생했다.

최근 유명 대학 점퍼를 입고 술에 취해 지하철에서 토하는 대학생, 여성비하 발언을 한 대학 학장, 장애인 비하 발언 대학생 등 인성 부족에 따라 타인에게 상처를 주고 인터넷과 SNS를 타고 소문이 확산된다. 눈살을 찌푸리게 하는 일이다.

사람들에게 거부감을 일으키지 않는 범위는 보편타당한 상식선에 있는 법이다. 술에 취해 토할 것 같으면 화장실에서 해야 하는 건 기본 상식이다. 아니면 술을 절제해야 한다. 이 보편타당한 상식선을 벗어난 사람은 주변이 외로울 수밖에 없다. 또한 상식선을 심각하게 벗어나면 범법자는 물론 인터넷과 SNS를 타고 본인과 가족에게 피해를 입힌다. 이런 일이 연예인이나 공인은 물론 일반인에게도 일어난다.

우리가 생각하는 성공은 다 다르다. 그래도 공통적인 몇 가지는 있다. 건강, 금전, 명예, 행복 범위에 있다. 건강은 스스로 지켜야 할 문제다. 나머지 금전, 명예, 행복은 외부 요인에 의해 영향을 받는다. 건강에 중대한 영향력을 행사하는 스트레스도 인간관계 등

외부 요인이 강해졌다. 즉 성공의 공통적 요소는 외부요인에 따라 결정된다. 그중에서도 주변사람의 도움이 절대적이다.

자녀에게 건강, 금전, 명예, 행복 모두를 주고 싶은 게 부모 마음이다. 그러나 모든 걸 줄 수 있는 부모는 많지 않다. 대부분 평범하고 성실히 살고 있는 부모들이다. 자녀가 글로벌사업가를 꿈꾸는데 빌게이츠를 소개해줄 수 있는 부모는 극소수이다. 자녀에게 모든 걸 줄 수 없지만 건강, 금전, 명예, 행복의 근원인 주변사람의 도움을 받는 법은 알려줄 수 있지 않을까? 바로 보편타당한 상식선이 무엇이고 어떻게 지켜야 할지 말이다.

"우리가 살아가는 건 유치원 때 모두 배웠다."란 말이 있다. 우리는 보편타당한 상식선을 어린 시절 배웠다. 나이를 먹을수록 안 지키는 것뿐이다. 그것을 지키게 하는 것이 인성교육의 시작이다.

우선 부모의 삶부터 보자. 정말 준법정신을 지키고 상식선에서 행동하는지 말이다. 아이가 상식 밖의 행동을 했다면 누구에게 배웠는지 먼저 생각할 필요가 있다. 아이는 부모의 거울이라는 말을 새겨보자.

성공은 혼자 이룰 수 없다. 그렇기에 함께 하는 방법을 알려줘야 한다. 천상천하 유아독존이 얼마나 오만한 행동이며 상식선을 지키는 일이 훗날 어떤 일을 일으키는지 말이다. 역사적인 사례 하나를 소개하겠다.

충남 논산에 윤증고택이 있다. 윤증은 노론, 소론 격렬한 조선정치에서 획을 그은 인물이다. 윤증 고택은 크지도 않고 작지도 않은 규모에 마당에 작은 호수가 있다. 이 집이 지금까지 보존될 수 있었던 건 독식이 아닌 상식적인 행동을 선택했기 때문이다. 윤증이 살아있을 당시 누에고치는 농민에게 주요한 수입원이었다. 누에고치가 돈이 된다는 사실에 자본과 인력이 있는 부잣집에서도 누에고치를 치기 시작했다. 윤증은 우리 집안은 "누에고치를 치지마라"는 명령을 내린다. 그래서 주변 농가들은 제 값에 누에고치를 팔 수 있었다. 누에고치를 치지 말라는 명령은 광복 후에도 이어진다.

1950년 6.25전쟁이 터지면서 인민군은 윤증고택에 지휘소를 만든다. 미군은 인민군 지휘소가 있는 윤증고택 폭격을 명령한다. 당시 박 씨로만 알려진 통역관이 윤증고택 폭격을 반대한다. 미군 장군은 통역관의 말을 무시한다. 급해진 통역관은 폭격기 조종사에 가서 "그 집은 조선 최고의 집으로 후손들이 당신을 평생 원망할 것이요." 다시 폭격을 반대했던 것. 폭격기 조종사는 고심 끝에 뒷산에 오폭을 한다. 통역관 덕분에 윤증고택은 보존될 수 있었다. 통역관 박 씨는 윤증고택 근처에서 누에고치를 쳤던 농민의 아들로 알려진다. 훗날 이 이야기는 노블레스 오블리주의 상징이 된다.

자본과 인력이 있는 부잣집에서 돈이 되는 농사를 짓는 것은 법률상 문제는 없다. 그러나 상식이라는 면에서는 해서는 안 될 일이다. 돈이 된다고 폭리를 취하는 것은 농민을 생각하지 않는 이기적인 행위다. 자신만 챙기는 경우 위기가 왔을 때 외면당하고 만다.

인간은 누구나 혼자 할 수 있는 일은 극히 적다. 대부분의 일은 사람들과 같이하고 서로 도움을 주고받는다. 여러 사람과 함께 하기 위해선 상식선에서 행동하는 보편타당함이 있어야 한다.

이 보편타당함에서 벗어나면 타인의 피해는 물론 본인도 인터넷과 SNS를 통해 피해를 입을 수 있다. 상식이 무엇이고, 그것을 어떻게 실천하며 상식을 지킨 사람이 어떻게 도움을 받는지를 자녀에게 알려준다면 함께 밝은 세상을 만들어 갈 수 있다.

05

리더는 공동체의 맨 앞에서 걸어가는 가이드다

KBS 〈도전 골든벨〉 프로그램에 남학생이 인터뷰를 했다. 그 학생의 꿈은 정치인이었다. 정치인의 꿈을 가진 건 봉사활동을 다니며 열악한 복지환경을 보면서부터다. 열악한 복지환경을 바꾸기 위해 정치인이 되겠다는 포부다. 꿈을 말할 때 눈빛이 '반짝반짝'해지는 느낌을 받았다. 학생이 멋지기도 하고 부모가 어떻게 교육했기에 저런 꿈을 가질까 하는 생각도 들었다. 지금 이 학생이 어떻게 변해있나 궁금하기도 하다. 초심을 가지고 있다면 정치지망생으로 경력을 쌓고 있을 것이다. 응원을 보낸다.

응원을 보내는 마음 한편에 걱정도 있다. 정치를 한다는 건 리더 자리에 있는 일이다. 대한민국 리더를 보면 선거 전 공약이나 정치 입문 초심은 온데간데없고 변하기 때문이다. 그렇지 않은 훌륭한 정치인도 있지만 언론에 비치는 모습은 대부분이 국민을 실망시킨다. 정치인의 꿈을 가진 학생이 초심을 끝까지 유지하기 바라는 마음 간절하다.

전 보건복지부 장관이었다가 지금은 방송인이 된 유시민 작가는 '정치는 잘 싸우는 일'이라 표현한다. 정치는 한정된 이익을 가지고 공익성을 추구하면서도 효율적으로 자원을 분배하는 일이다. 한정된 자원이기에 이익이 충돌할 수밖에 없다. 충돌과정에서 합리적으로 잘 싸우는 일이 정치다. 합리적으로 잘 싸우기 위해선 모두의 이익을 고민하는 대의가 필요하다.

어느 조직, 어느 단체건 리더는 존재한다. 조직, 단체에서 리더가 누구냐에 따라 많은 것이 변한다. 그래서 아무리 작은 일이라도 리더는 결정에 신중해야 한다. 리더가 결정하는 데 있어 가장 중요한 요소를 꼽으라면 '공익(公益)'이라 말하고 싶다. 국민을 대표하는 정치인은 물론 이익을 최우선시하는 기업의 리더도 공익을 떠날 수 없다. 이익을 내주는 건 고객이기 때문이다. 고객의 공익을 무시한 채 이익만 쫓아서 망하는 기업을 수없이 볼 수 있다. 리더는 결정에 있어 공익을 우선해야 한다.

공익을 위한 결정은 자기 희생만 있는 건 아니다. 자신이 속한 조직, 단체가 잘 운영된다면 시간이 걸리더라도 모두에게 이익이 돌아간다. 그래서 리더는 자신의 욕심을 절제하고 공익을 추구한다. 문제는 리더의 모습을 아이들이 쉽게 볼 수 있다는 것이다. 뉴스나 언론에서는 리더가 자기 욕심만 챙기다 범법자로 낙인 찍히는 모습을 자주 볼 수 있다.

인성교육이 필요한 것은 '공익'의 중요성을 알려주는 일이다. 모든 아이는 리더가 될 자격이 있다. 그만큼 가능성이 무궁무진하다. 가능성에서 지금 아이들에게 어른들이 보이는 자기이익이 아닌 공익을 추구하는 교육이 필요하다. 그리고 그런 모델을 끊임없이 찾고 들려줘야 한다.

매년 세계 부자 순위를 매긴다. 대부분 50~60대 중년 남성 속에 눈에 띄는 젊은이가 있다. 바로 페이스북 창립자 마크 저커버그이다. 그는 페이스북 이익 증대에 얼마나 관심이 많은지 한 가지 일화가 있다. 티셔츠에 청바지, 매일 같은 옷을 입고 있는 그에게 누군가 질문을 한다.

"당신은 왜 매일 같은 티셔츠를 입나요?"
"저는 이 커뮤니티(페이스북)을 위한 일이 아니라면 인생에서 최소한의 결정만을 하면서 살아가고 싶습니다."

사업가가 사업을 생각하는 건 당연한 일이지만, 모든 결정에 페이스북에만 집중하는 모습에서 이익 증대를 위해 얼마나 분투하는지 알 수 있다. 세계에서 많은 부를 갖고 있는 미국에서 그는 최정상의 자리에 있다. 이익을 우선시하는 자본주의에 최고 승리자일지 모른다.

이런 마크 저커버그가 얼마 전 자신의 재산 99%(약 52조원)를 사회에 기부하겠다고 밝혔다. 여기에 기부에 따른 세금 혜택도 받지 않겠다고 밝히며 한 번 더 놀라게 했다. 이 통 큰 기부에 대해 인터뷰에서 설명했다.

"아이가 태어나니 이 아이가 살아갈 세상을 더 좋은 곳으로 만들 수 있는 것들을 생각하게 되었어요. 미래가 현재와 같지 않도록 즉 미래가 현재보다 더 나은 세상이 되도록 여러 프로그램에 투자할 필요가 있어요."

사업가로서 합법화된 틀에서 이익을 추구하는 것에 대해 비난할 일은 아니다. 그렇지만 페이스북은 이용자가 있기에 이익을 낼 수 있었다. 마크 저커버그는 이용자는 물론 모든 사람이 좋은 미래가 되길 희망하며 통 큰 기부를 했다. 즉 공익을 우선시한 일이다.

마크 저커버그는 '그리스 라틴 고전을 원전으로 읽는 것이 취미였다.'할 정도로 인문고전 독서에 열을 올렸다. 그리고 IT기술을 갖고 있었다. 기술과 인문학이 융합된 21세기형 인재다.

마크 저커버그가 독서했던 인문학은 사람을 위한 학문이다. 그의 이런 통 큰 기부는 이미 사람에 대해 공부를 했기 때문이다. 인성교육에서 독서는 빠질 수 없는 일이다. 독서는 시공간을 넘어 위대한 인물과 대화를 하는 자리다. 역사 속 수많은 인물이 어떻게 좋은 인성을 형성했는지 볼 수 있다.

사람은 보이는 것만큼 자란다고 한다. 집 뒤에 공동묘지만 있다면 장의(葬儀)가 세상의 전부라 생각할 수 있다. 집 뒤에 시장이 있다면 장사가 세상의 전부라 생각할 수 있다. 보이는 만큼 자라는 법이다. 공익을 추구하는 리더로 키우고 싶다면 그런 모습을 직, 간접적으로 보여줘야 한다.

아이가 세계적인 리더는 아니더라도 자신이 속한 조직이나 단체에 리더가 되길 희망하는 부모는 많을 것이다. 그렇다면 공익이 무엇이고, 공익을 위해 무엇을 해야 하는지, 책은 물론 수많은 사례, 그리고 직접적으로 보여 주어야 한다. 공익을 추구하는 사람이 많을수록 더 많은 사람이 행복하고 잘 살 수 있는 사회가 되는 건 너무나도 당연하다.

06

아이를 위하여 무엇을 남겨주고 싶습니까?

중국 고전 중 하나인《안씨 가훈》이 있다. 안씨 집안의 가훈이다. 이 책을 집필한 사람은 중국 남북조 말기 안지추가 자손을 위해 쓴 글이다. 형제끼리 잘 지내는 방법, 자녀 교육법은 물론 후처(後妻)에 관한 문제, 장례를 치루는 방법 등이 있다.

집안 이야기로 볼 수 있는《안씨 가훈》이 고전 반열에 오른 것은 꼭 안씨 집안 사람이 아니어도 누구나 공감을 주는 지혜가 많기 때문이다. 문제는 성인의 말씀보다 자상한 아버지 같은 느낌을 받을 수 있다. 이 책이 현대까지 이어졌다는 것은 자손에게 무엇을 남겨야 할지 잘 알고 그것을 지키기 위해 공을 들였다는 것이다.

후손에게 물려 줄 지혜는 중국에만 있는 건 아니다. 우리나라의 의성 김씨는 '벼슬은 정 2품 이상을 하지 말고, 재물은 300석 이상

가지지 말라.'고 했다. 또 경주 최씨 부잣집은 '사방 100리 안에 굶어 죽는 사람이 없게 하라.' 등 명문가로서 갖춰야 할 자세와 태도를 남겼다. 후손을 위해 무엇을 남길지 고민해야 한다.

집 근처에 '뿌리공원'이라는 규모가 큰 공원이 있다. 뿌리공원은 각 성씨의 기원과 상징을 전시해놓은 공원이다. 뿌리공원 안에는 '족보 박물관'이라는 제법 큰 박물관이 있다. 성씨의 기원이나 족보에 관심 있다면 방문해보길 바란다. 자녀에게 "우리 집안의 시조는 누구냐면 말이야"로 시작하기보다 상징이 담긴 조형물과 해석을 보여 주는 게 아이에게 더 값진 시간이 될 것이다. 이곳에서 매년 축제를 한다. '효 문화 뿌리 축제'로 문화체육관광부 선정 3년 연속 국가 유망축제이자 대전시 대표축제이다. 지역에서 규모 큰 축제로 나 역시 행사 진행자로 공연자로 참여한다. 갈수록 인기가 높아 찾는 사람이 많아 자부심이 높다. 축제 콘텐츠도 재미있지만, 일년에 한번이라도 자신의 뿌리를 찾고 싶은 사람들의 갈망도 있다고 생각된다.

자신의 뿌리를 찾는 건 자신을 알아가는 과정이기도 하다. 자신의 뿌리를 찾아가는 과정이 과거보다 약해지는 것 같아 안타깝다.

과거에는 집안마다 있는 시사(時祀)에 참석하는 사람을 많이 볼 수 있었다. 아이들은 아버지 손을 잡고 참석한다. 집안마다 있는 문중 사당이나 집안의 큰 묘가 있는 재실(齋室)을 찾아가 제사를 지낸다. 할아버지들은 진지한 표정과 자세로 시사를 진행하며 아이는 행사의 의미는 잘 모르지만 중요한 일로 인식했다.

할아버지 책상에 놓여있던 두꺼운 책자가 있다. 바로 족보다. 거기엔 성씨 파(派)마다 생년월일이 나와 있었다. 내 이름을 찾고 위로 올라가다보면 나의 뿌리를 알 수 있다. 얼굴은 알 수 없지만 내가 존재하는데 영향력을 끼쳤다. 나란 존재를 알아가는 데 중요한 일이다.

제사, 시사, 족보, 가훈 등은 자녀와 후손에게 무엇을 줄 것인가 고민하며 만든 것들이다. 내가 있기까지 어떤 영향을 미쳤고 내 자식도 영향을 받고 있는 가정의 소중한 유산이다. 더 중요한 사실은 이 문화를 계승, 발전시키는 일도 책임이 있다는 점이다.

성인을 상대로 강의를 나갈 때 종종 하는 질문이 있다. 이 책을 보는 독자 중 자녀가 있거나, 자녀를 낳을 예정이라면 이 질문에 답해보자.

"자녀에게 무엇을 물려줄 것인가?"

연령, 직업 상관없이 쉽게 답을 내놓지 못한다. 진지한 고민을 해본 적이 없기 때문이다. 지금 30~40대의 부모 대부분은 베이비부머 세대나 그 위로 가난을 이기기 위해 정신없이 살았던 세대다. 지금 30~40대는 경제적 풍요를 누리지만, 고용 불안정과 집값 등으로 어려움을 겪고 있다. 앞으로도 해결 기미는 쉽게 보이지 않는다. 진지하게 생각했던 부모도 없었고, 그런 교육도 받지 못했다.

'자녀에게 무엇을 물려줄 것인가?' 질문에 쉽게 답을 내놓지 못한 건 어려운 문제면서 진지하게 고민할 시간이 없었기 때문이다. 나도 이 질문에 선뜻 답을 내놓지 못한다. 강의를 하고 책을 쓰는 과정이 그 중 하나라고 생각한다. 그리고 꿈을 향해 의롭고 성실하게 나아가는 모습이 자녀에게 물려주고 싶은 것이다.

자녀에게 무엇을 물려줄 것인가를 고민했던 부모는 삶을 함부로 살 수 없다. 부모의 행동을 보고 자녀가 자라기 때문이다. 문제는 지금 부모세대 대부분이 이런 교육을 체계적으로 받지 못했다는 것이다. 어디서부터 시작해야 할지, 누구를 표본으로 삼아야 할지 알지 못한다. 그들 역시 받아본 적이 없기 때문이다.

'자녀에게 무엇을 물려줄 것인가?'의 고민은 어떤 어른으로 성장시킬지에 관한 문제이다. 성장과정에서 필요한 정신유산을 주는 일이다. 어떤 정신유산을 주어야 할까?

우리가 배우고, 경제 활동을 하고, 사랑을 하는 이유는 두말 할 것 없이 '행복'을 위해서다. 행복의 기준은 천차만별이기에 행복을 주는 요소를 세분화한다. 그것이 정신 유산의 시초다.

행복은 건강, 사람 관계, 직업 범주에 있다. 세 가지 중 하나라도 부족하면 힘들다. 모든 걸 100% 채울 수 없지만 균형은 잡을 수 있다. 이 균형 잡힌 삶을 자녀에게 보여준다면 그것이 좋은 정신유산이 된다.

부모가 행복하지 않으면 자녀도 행복하지 않다. 지금 부모부터 행복해지자. 행복의 반대는 불행이다. 불행의 시작은 비교하는 삶이다. 남과 비교하는 습관부터 내려놓자. 그리고 나를 행복하게 하는 게 무엇이고 어떻게 실천하는지 자녀에게 보여주자. 그것이 훌륭한 정신유산이다.

07

미래는 사람이 사람을 그리워하는 시대다

추운 겨울, 고령의 남자가 길에 정신을 잃고 쓰러졌다. 그 모습을 지켜본 어른들은 자기 갈 길 가기에 바빴다. 고령의 남자를 발견한 중학생 세 명이 다가왔다. 한 학생은 남자의 상체를 세우고 자신의 품에 기대게 했다. 한 학생은 자신의 패딩을 벗어주었고, 세 명은 합심해서 남자를 업어 집까지 데려다 주었다. 어른들은 바쁜 출근 시간이었다. 학생 한 명은 기말고사가 있었다. 시험에는 늦었지만 아픈 남자를 두고 갈 수 없었다. 남자를 집에까지 데려다주고 등교를 했다.

2017년 겨울에 일어난 일이다. '패딩 중학생의 선행'으로 화제를 모았다. 참 가슴 따뜻한 뉴스다. 아픈 사람을 보고 도와주고 싶은 마음을 실천에 옮겼다. 인터뷰에서 "당시 어른들은 아무것도 안 하던가요?" 질문에 "그냥 쳐다만 보고 지나갔다." "왜 안 도와주나, 그런 생각을 했다." 라고 말했다. 어른으로서 창피한 일이다. 아픈 사람을 도와줘야 한다는 사실을 모르는 사람은 없다. 먼저 실행을 보여야 할 어른들은 자기 갈 길 가기 바쁘고 시험을 봐야 할 중학생들이 선행을 한 일이 기특하다. 희망이다.

아픈 사람이 누워있으면 도와줘야겠다고 느끼는 건 공감성이 있기 때문이다.학생들이 성인보다 공감을 많이 하는 것은 아니다. 어른들이 공감성이 부족한 것도 아니다. 단지 실천의 차이였다. 이 공감 능력이 갈수록 줄어들고 있는 세상에 따뜻한 소식과 씁쓸한 소식을 동시에 접한 선행이다.

10여 년 전 만 해도 지하철 안에는 독서하는 사람이 많았다. 특히 시험 기간에는 도서관을 방불케 했다. 시내 버스도 다르지 않았다. 앉으면 책을 읽는 사람, 서서도 책을 붙잡고 읽는 사람이 있었다. 불과 몇 년 사이에 지하철, 버스에 책보는 사람을 가뭄에 콩 나듯 보인다. 스마트폰이 생기면서부터다.

스마트폰은 오락거리는 물론 실시간 동영상, 정보 등을 쉽게 찾을 수 있다. 사실 스마트폰은 편리하다 못해 없어서는 안 될 필수기기다. 과거 은행 업무를 한다면 아무리 가까워도 30분 내외가 소요됐다. 그런데 지금은 5분 안에 끝낸다. 필요한 정보나 자료를 찾기 위해 도서관에 갈 필요가 없다.

편리한 스마트폰이 무조건적인 혜택만 주는 건 아니다. 면대면(面對面)관계를 적어지게 만들었다. 과거 배달음식을 주문하려면 전화 통화를 해야 했다. 지금은 스마트폰 클릭 몇 번이면 끝난다.

업무를 할 때도 멀리 있는 사람을 꼭 만날 필요는 없다. 메신저를 활용해서 해결한다. 면대면이 필요 없게 되었다. 사람을 만나지 않아도 메신저, 이메일로 끝낼 수 있다. 이미지나 사진 전송도 실시간으로 가능해지면서 전화 통화도 필요 없게 되었다. 비즈니스 현장에서도 전화나 면대면 없이 업무를 처리할 수 있다.

면대면 만남이 삶에 꼭 필요한 건 아니다. 그렇지만 사람이 살아가는 중요한 요소 중 '공감'에는 문제를 일으킨다. 소통에는 언어적 요소와 비언어적 요소가 있다. 상대방을 보면서 대화하는 면대면은 비언어적 요소를 이해할 수 있다. 표정과 제스처를 보면서 대화에 공감을 보내는 일이다. 공감하는 일에 메신저나 이메일로도 할 수 있지만 상대방을 직접 보고 느끼고 그 사람의 감정과 상태를 이해하는 것은 차이가 있다.

스마트한 시대에 스마트폰 때문에 기억에 남는 일이 하나 있다. 한가한 시간에 지하철을 타고 이동한 적이 있다. 앞자리에 엄마와 2살 정도 된 아이가 있었다. 엄마는 무언가에 집중한 듯 스마트폰을 보고 있었다. 손가락이 바쁜 걸 봐서는 게임을 하는 것 같았다. 지하철에 있는 15분 동안 아이와 눈 한번 맞추지 않았다. 엄마도 스트레스를 어딘가 풀어야 했겠지만, 무언가 씁쓸한 건 사실이었다. 아이와 눈빛 마주칠 시간 없이 게임이 중요한 시간인 셈이다. 애착육아를 생각하면 아이와 교감할 시간을 스마트폰에 빼앗긴 셈이다. 안타까운 일이다.

이런 일은 아이와 엄마뿐만 아니라 일상생활에서도 볼 수 있다. 오바마 대통령이 취임(2009년)을 할 당시에 스마트폰이 본격적으로 보급되지 않았다. 어느 행사장에서 오바마 대통령과 부인 미셸 오바마의 딸 말리아 오바마, 사샤 오바마는 행사 중간에 서로 이야기하는 다정다감한 모습이 카메라에 잡혔다. 몇 년이 지난 후 어느 행사장에서 오바마 대통령 가족이 카메라에 잡혔다. 모두가 스마트폰을 보느라 대화가 없다. 비단 오바마 대통령의 가족 이야기일까? 가족식당에 가면 아이들은 스마트폰에 열중한다. 부모라고 다를 바 없다.

세상이 삭막해졌다고 한다. 끊임없이 들려오는 끔찍한 범죄, 서로가 서로를 믿지 못하는 저(低)신뢰, 익명성을 담보로 이어지는 인격모독, 심화되는 빈부격차 등 삭막해진 걸 느낄 수 있다. 그렇게 삭막해진 원인은 무엇일까? 단정할 수 없지만 공감능력의 부족이라고 조심스럽게 말하고 싶다.

상대방을 공감할 수 없기에 누군가의 죽음에 악의적인 댓글을 달고, 이성 간 서로를 공격하고, 작은 땅에서 지역 갈등이 있다. 상대방을 이해하고 공감한다면 세상은 삭막하지는 않을 것이다. 이런 세상에 필요한 건 인성교육이다. 따뜻한 소식을 많이 전하기 위해서 인성을 갖춘 사람이 많아야 한다.

공감은 사람을 향하는 일이다. 이 공감부족을 극복하고자 최근에 인문학 열풍이 불고 있다. 생산성과 효율성이 지배하면서 관심 밖에 있던 인문학이 부활 중이다. 늦었지만 다행이다. 책, 강의 등에서 인문학 열풍을 느낄 수 있다. 인문학을 중심으로 인성교육도 함께 하고 있다.

인문학은 문사철(文史哲)을 말한다. 문학, 역사, 철학을 중심으로 이야기한다. 결국 사람에 관한 이야기다. 어떻게 사람답게 살 것인가를 중심으로 전개된다.

사람이 사람답게 살기 위해선 법과 규칙이 있어야 한다. 이건 최소한의 약속이자 최후의 보루다. 법과 규칙이 없다면 우리는 동물과 다를 바 없다. 법과 규칙을 넘어서 사람을 사람답게 살게 하는 건 인성이다. 다른 사람 아픔에 공감하고 이해를 보내는 것. 그 아픔을 치료하는 방법에 대해 연구한는 것. 방법은 인성교육에 달렸다.

인성교육을 하지 않으면 공감이 어렵다. 아파서 길거리에 누워있어도 자기 패딩을 벗어주지 못한다. 따뜻한 소식이 그리운 건조한 요즘이다. 인성교육에 더 많이 관심을 갖는다면 가슴 따뜻한 소식을 더 접할 수 있다. 또한 그런 사람이 대접 받는 세상이 올 것이다.

08

민낯 보여주기, 그것이 인성교육의 또 다른 말이다

내가 상담을 한 내담자에게 들은 말이다. 졸업 후 20년 만에 만난 여덟 명의 친구들이 2박 3일 여행을 갔다. 차를 두 대 가져가기 보다는 승합차를 빌려 한 차로 가는 것으로 의견을 모았다. 성인 여덟 명이 12인 승을 타기에는 불편했다. 사람만 있는 것이 아니라 짐까지 있었기 때문이다. 승합차의 가운데 자리는 목을 기댈 수 없어서 불편했다. 그 자리는 M 한 사람만 앉아서 다녔다. 그는 그 자리에 다른 사람이 앉으면 힘들 것이라는 것을 경험했기 때문에 말없이 희생하기로 했다. 아무도 알아주지 않는 것이 야속하기는 했지만 그것 이외에는 즐거운 여행이었다.

고속도로 휴게소에 잠깐 내렸을 때 우연히 친구 두 명의 대화를 들었다.

"승합차에서 가운데자리는 엄청 위험해. 고속도로에서 브레이크

밟으면 목이 나갈 수 있거든."

"그러게 말이야, 멍청한 M은 거기 계속 앉아 있네."

"놔둬, 우리가 앉을 수는 없잖아. 모른 척 해."

그 소리를 들은 M은 기가 막혔다. 친구들의 홀딱 벗겨진 이기적인 모습을 확인했기 때문이다.

심한 개인주의, 이기주의의 끝은 어디일까? 자녀를 한둘 키우는 요즘, 부모는 자신의 아이만 잘 되기를 바란다. 남의 아이가 잘 되는 것도 좋아하지 않는다. 그런 부모 아래서 성장한 아이는 부모를 그대로 따라하는 사람이 될 것이다. 부모를 보면 그 자녀를 알 수 있다는 말이 가슴 아프게 다가온다.

신라에 강수라는 학자가 있었다. 아버지가 낮은 벼슬을 하는 내세울 것 없는 집안의 아들이었다. 평범했던 강수는 동네 대장장이 딸과 혼례도 올리지 않고 부부로 살았다. 강수의 나이 스무 살 무렵부터 강수의 글 짓는 실력이 널리 알려졌고, 사위로 삼고 싶어 하는 집안이 많아졌다. 강수의 부모도 대장장이 딸이 며느리인 것이 부끄러워서 좋은 집안과 혼인을 시키려 했다.

"가난하고 비천한 것은 부끄러운 일이 아닙니다. 오히려 도리를 배우고도 그것을 실천하지 않는 것이 진짜 부끄러운 일입니다. 저는 신분이 천하다고 해서 아내를 버릴 수 없습니다."

그 당시에는 아내를 여럿 둘 수가 있었고, 한 사람 더 맞아들인다고 해도 문제 될 일은 없었지만 도리를 지키고 실천하는 강수의 모습에서 의로움이 느껴진다.

요즘 부부의 이혼율이 증가하고 있는 가장 큰 이유 중의 하나가 불륜이다. 도덕을 지키고 윤리를 지키는 것이 사람의 기본이지만 기본이 안 된 사람들이 많다. 아이들에게 기본적인 윤리 도덕을 제대로 가르쳐야 한다. 그러기 위해서는 부모가 기본적인 인성의 틀을 갖고 지킬 줄 알아야 한다.

가족으로 대표되는 공동체 붕괴가 가족의 삶의 뿌리를 마구 흔들고 있다. 핵가족화에 저 출산과 고령화, 경제적 불안이 맞물리면서 가족 구성원 간 심리적, 정서적 단절이 심각하다. 급증하는 학교 폭력, 가출, 자살 역시 근본적으로 가족 기능의 상실에서 그 원인을 찾을 수 있다. 태어나서 가장 처음 접하는 사회인 '가족'의 붕괴로 기본적인 인성 교육 역시 제대로 이뤄지지 못하고 있다. 가족은 가장 작은 집단이며 가족 안에서 인성은 아름답게 사랑으로 꽃 피워야 한다. 가족 공동체를 바르게 세우는 노력은 우리 사회에서 가장 필요한 일이다.

학교 방과 후 수업 첫날이었다. 학교마다 사정이 다르지만 교실이 남아도는 학교가 있는가하면 교실이 턱없이 부족한 학교가 있다. 그 학교는 교실이 부족하여 열 명 남짓 되는 학생들을 강당에서 수업을 해야 했다.

강당에는 스피커 등 덩치 큰 물건 들이 많이 있었다. 교무실에 근무하는 행정직 젊은 여직원은 강당에 수업을 안 주는데 하게 해 줘으니 열쇠를 잘 챙기라고 했다. 한 시간 수업 후 아이들이 돌아가고 나서 알았다. 탁자 위에 잘 놓아 둔 열쇠가 없어진 것이다. 한 시간 정도를 찾아도 없었다. 탁자 위를 나밖에 볼 사람이 없었고 수업 끝날 무렵까지 있었는데 잘 챙기라던 열쇠가 흔적 없이 사라진 것이다. 사실을 교무실에 알렸다.

스무 살 쯤 되어 보이는 교무실의 여직원은 30분도 넘게 내게 같은 말을 되풀이하며 훈계를 했다. 교무실에 교감 선생님께서 계셨지만 다 들리는 상황에서도 묵묵히 일을 하고 계셨다. 각반 담임선생님들께 학생들의 전화번호를 물어서 각각 아이들의 집으로 전화를 해서든 방문을 해서든 찾아다 놓으라는 것이었다. 쉼없이 몰아붙이는데 열쇠를 잃어버린 죄인인 나는 잘못했다는 말만 되풀이 했다. 시간이 흐를수록 미안함보다는 너무한다는 생각이 들었다. 방과 후 교사라는 이유로 너무 심하게 하는 것 같은 느낌이 들었다. 처음에는 내 잘못으로 미안해서 할 말이 없었지만 바로 다른 학교에 종일 돌봄 다도예절 수업이 있어 이동을 해야 했고 무언가 해결점을 찾아야 했다. '미안하다, 잘못했다'를 30분을 반복하고 난 후 목소리를 약간 높였다.

"제가 잘못했다고 말씀드렸죠? 이렇게 꾸짖음만 당하고 있을 수가 없어요. 해결을 하기 위해서는 방법을 찾아야겠죠? 어떻게 해야 할까요?"

다시 시작되는 잔소리. 중간에 말을 잘랐다.

"지금 담임 선생님들은 거의 퇴근하셨고, 전화하고 방문을 한다는 것도 상황에 맞지 않는 일이고, 일단 문을 잠가야하니 열쇠 집에 연락을 해서 열쇠를 다시 만들면 어떨까요?"

한참을 말이 없던 그녀는

"그럼 열쇠 값은 내셔야해요?"

"그럼요, 그건 당연한거죠. 제 잘못인데요."

나는 다음 학교로 이동을 해야 해서 행정실에서 열쇠 집에 연락을 해서 처치해 주시면 감사하겠고 열쇠 값은 바로 입금하겠다고 했다. 그 후에도 평소 교무실에 출석부를 체크하고 열쇠를 가져가야해야 해서 하루 두 번 들어가는데 매번 인사를 하는데도 대답 한 번 안 했던 직원, 나 아니고 다른 선생님이 인사를 해도 답을 하지 않는 무뚝뚝한 교무실. 그래서 어른이나 아이들이 교무실에 가고 싶지 않은 곳인가? 하며 잠깐 웃었다. 지금은 얼굴도 기억나지 않고 이름도 모른다. 그런데 아들 또래의 그 여자 직원이 아직도 내 마음 한자리에 좋지 않은 기억으로 남아있는 것은 인성의 중요성을 말해주는 것이다. 내 아들의 여자 친구는 저런 인성을 가진 사람만 아니었으면 하는 생각이 들었던 날이다.

어른이 되어도 직간접으로 경험하지 않으면 모른다. 안다 하더라도 나만 중요하게 생각하는 개인주의 때문에 친구들의 우정에는 큰 금이 가 버렸다. 승합차의 가운데 자리에 타면 위험하다는 것을 모를 리가 없다. 알고도 자신은 얼른 좋은 자리에만 올라타는 것은 인성교육의 민낯을 보는 슬픈 현실이다. 그런 줄 알며 그 자리에 앉았던 친구의 마음이 얼마나 상했을까? 서로의 입장을 배려했다면 상황은 따뜻하게 달라졌을 것이다. 배려는 민낯을 보이지 않고 벌거벗는 부끄러운 상황을 만들지 않는다.

세월호 참사 당시 인간과 생명에 대한 존중, 책임의식 등 인간성이 붕괴돼 민낯이 드러나자 국가 차원에서 인성 교육의 필요성이 제기되었다. 교우관계에서든 학교에서든 나라에서든 벌겋게 홀딱 벗겨지는 모습을 보여 충격을 주지 않기 위해서는 참다운 인성교육이 필요한 때다.

자녀에게 잘못했다면 바로 사과해라.
자녀에게 하는 사과는 부끄러운 일이 아니다.

행복한 어른으로 키우는 인성 실천서

인성으로 성공하라

3장

부모와 아이는 손잡고 성장하는 존재다

01

인성도 교육이 필요하다

남북전쟁에서 승리해 연방을 보존하고 노예를 해방시킨 미국의 제16대 대통령 링컨은 어린 시절 좋은 어머니 밑에서 성장했다. 순수한 어린 시절. 사랑과 믿음을 잘 불어 넣어주고 희망을 싹으로 심어준 생모 낸시와 계모 사라가 있었던 덕분이다. 후에 링컨이 훌륭하게 된 공로를 자신의 어머님께 돌렸다. 인성의 교사인 어머님의 교육이 노예해방의 원동력이 되었던 것이다. 어머님의 인정과 주목을 받은 링컨은 어릴 때부터 싸우지 않는 아이, 예의바른 아이, 친절한 아이로 성장했다.

링컨은 가게 점원을 시작한 후 우편국장까지 하게 되었고, 측량기사를 거쳐 변호사까지 되었다. 그리고 하원의원을 거쳐서 드디어 미합중국 16대 대통령의 영광스런 자리까지 오르게 된 것이다. 그는 성실, 정직, 겸손, 충성의 자세로 일관했기 때문에 많은 사람에게 인정을 받은 것이고 대통령의 자리까지 오른 것이다. 그것은 모두 좋은 인성에서 비롯되었다는 것을 부정할 사람은 없을 것이다.

좋은 인품은 저절로 형성되지 않는다. 이제는 많은 사람들이 인성 교육의 필요성을 인식하고 있다. 앞의 이야기에서 말했듯이 링컨은 좋은 인성을 가진 어머니 밑에서 교육 받았다. 아마도 링컨의 어머니를 교육 시킨 할머니도 좋은 인품의 소유자였을 것이다. 동서양을 막론하고 예전부터 가정교육은 인성에 가장 큰 영향을 미쳤다.

다른 사람에게 어떤 행동을 했느냐에 따라서 행복이 결정된다. 남을 행복하게 해주려고 하면 그만큼 자신도 행복해진다. 자기 자식에게 맛있는 것을 사주고 그가 맛있게 먹는 것을 보는 것은 부모의 기쁨이다.

인성도 마찬가지이다. 자식이 예의 바른 품격 있는 사람으로 성장하는 것은 자식이 음식을 맛있게 먹는 것만큼이나 행복한 일일 것이다.

이는 형제 간, 친구 간, 이웃 간, 나아가 낯선 사람에게도 공통된 이치다. 인류 역사상 가장 영향력 있는 그리스의 철학자 플라톤이 한 말이다.

“남에게 관대해졌으면 그만큼 내 마음이 넉넉해지지만, 만일 인색해졌으면 그만큼 내 마음도 좁아진다.”

세상에 나보다 남이 잘되기를 바라는 사람은 많지 않다. 그런데 예외가 있다. 바로 부모이다. 거의 모든 부모는 자신보다 자식이 잘 되기를 바란다. 바른 인성으로 자신보다 더 훌륭한 사람으로 살아가길 기도한다.

그런데 사춘기에 가장 많이 부딪히는 것도 부모이다. 아이들은 부모가 간섭한다고 생각하고 잔소리한다고 생각한다. 자식 잘 되기를 바라는 부모의 마음을 이해 못하기도 하거니와 부모의 훈계를 간섭 또는 잔소리라고 생각하며 갈등의 요소가 된다.

부모의 잘못도 있다. 순수한 자식 사랑의 마음만 전하는 것이 아니라 자식의 생각이나 행동에 좋지 않은 부정적인 감정을 같이 내보내기 때문이다.

'친구들하고 카톡 그만하고 공부해라.' '머리 모양이 그게 뭐니?' '책상 정리 좀 해라.' '돈 좀 아껴 써라.' 등의 부모님 말씀은 입장의 차이는 있겠으나 아이들에게는 칭찬은 아니다. 한 두 번이 아니고 반복되는 말이라면 사랑과 간섭이라는 두 줄기의 이상한 감정의 강물이 섞인다.

때로는 아무 소리 안하고 내버려두어도 관심을 갖지 않는다며 섭섭해 하기도 하고 나중에는 원망의 소리를 한다.

교육학에서 가장 중요한 이론은 인정, 존중, 지지, 칭찬이다. 부모가 아이들을 지도할 때 이 네 가지만 충분히 해준다면 문제는 없을 것이다. 그런데 부모의 눈에는 아이들의 잘하는 점보다는 못하는 점이 더 도드라져 보인다는 게 문제다. 부모는 자식에게 받아야 할 부모 대접을 바라기도 한다. 사람이기 때문에 인격적으로 대우받지 못하면 속상하고 괘씸한 생각이 든다. 부모와 자식은 함께 성장해야 한다. 쓸데없는 갈등으로 부모와 자식 간에 틈이 생겨 관계를 영영 회복하지 못하는 경우는 없어야 한다.

인성교육은 가정에서의 교육, 학교 교육, 전문기관의 교육, 메스미디어, 그리고 책 등 여러 곳에서 답을 구할 수 있다. 전처럼 대가족 안에서 밥상머리 교육만으로는 부족하다. 급변하는 시대에 세대차 극복이 가장 큰 문제다. 쌍둥이도 세대차를 느낀다고 하는데 어제 다르고 오늘 다른 시대에 30년 정도의 부모와 자녀의 차이는 짐작하고도 남음이 있다.

공부 방법, 놀이 방법, 친구 관계, 사물을 보는 시각까지 관점과 의견이 다를 수밖에 없다. 요즘 아이들을 이해할 수 없다는 말은 예전이나 지금이나 변함이 없다. 그렇기 때문에 부모와 자녀 모두에게 교육이 필요하고 부모의 적극적인 교육과 실천이 우선되어야 한다.

어느 날 진로 상담을 받으러 한 어머니께서 중학교 아들, 초등학교 딸을 데리고 왔다. 나는 상담 중에 뭔가 자연스럽지 않으며 불편하다는 생각을 했다. 관찰 결과, 가족 중 누구도 서로에게 존대어를 사용하지 않고 반말과 명령으로 대화를 하고 있다는 것을 알았다. 그러니 대화의 내용도 따뜻함보다는 딱딱함이 컸고 버릇없음도 느껴졌다. 순간 내 안에서 역전이 현상이 일어났다.

역전이란 치료자가 내담자와의 관계에서 갈등을 느끼고 싫어하거나 좋아하게 되는 경우를 말하는데, 역전 현상이 일어나면 치료자 자신의 감정이 부각되게 되므로 상담에 방해가 된다. 이 가족들의 반말이 그리고 명령조의 말들이 내 귀에 거슬리고 기분을 상하게 한 것은 초자아가 강한 내가 참지 못했던 탓도 있었고 예절 강사를 오래하면서 몸에 배어진 것도 있었기에 불편했던 것이다.

그 날 나는 호칭과 존대어에 대한 대화 코칭을 했다. 그리고 집에서도 연습하도록 부탁을 했다. 잊고 있었는데, 어느 날 어머님께로부터 문자가 왔다. 아이들을 부를 때 '야' '너'가 아닌 아들, 딸의 이름을 불렀고, 명령이 아닌 권유의 언어와 반 존대어를 사용했다고. 어머니와 아버지가 솔선수범을 하니 그 후 자식들도 부모님처럼 대화를 하고 있다고 한다. 그 결과 서로가 서로를 존중하며 가정이 훨씬 화목해졌다는 글이었다. 나는 당분간 입을 다물어지지 않을 정도로 흐뭇했다.

부모 자식 간에 반말이 친구 같은 느낌이라 편하다는 사람도 있다. 존중은 예의 바름에서 나오는 것이다. 상담실에서의 작은 코칭은 한 가정을 더 좋은 인성의 집안으로 만들었다.

인성교육은 부모 자식 모두에게 필요하다는 생각부터 갖자. 그런데 교육으로만 생각하면 무거워질 수밖에 없다. '좋은 습관보다 더 값진 보석은 없다'는 명언이 있다.

좋은 습관으로 가볍게 실천해 나가면 좋다. 올바르게 사는 사람, 세상을 밝게 비추는 햇살 같은 사람, 꼭 필요한 소금 같은 사람이 되어 정신적 육체적으로 건강한 사회를 만들어 가는 것이 인성교육의 목표다. 바른 인성을 형성시키기 위해서는 인성도 교육이 필요하다는 생각부터 갖도록 하자.

02

누구나 스스로 물어야 한다. '나는 어른인가?'

겉만 어른인 사람이 많다. 특히 책임감에서 이 사람이 '어른인가?' 하는 생각이 드는 사람이 있다. 책임감이 없는 껍데기인 사람들이 많다는 것이다. 강아지는 통통하게 살찌우면서, 딸아이를 굶기는 40세 아빠가 문제를 일으켰다. 딸을 시켜 자신의 욕망을 채우는 어른도 있다. 이들은 극단적인 사례이지만, 어른인지 아닌지 모르게 행동하는 사람이 많다. 나이만 먹었지 자녀보다 못한 '경우 없는 사람'이 문제다.

일반적으로 인성 교육하면 아이들을 먼저 떠올린다. 학생들, 아이들을 올바르게 키우는 것을 그 목적으로 두고 있기 때문이다. 성품은 어릴 때부터 바르게 형성되어야 성인이 되어서도 원만한 대인 관계를 할 수 있다.

성인이 되었음에도 불구하고 좋은 품성을 갖지 못했다면 좋은 인격자라고 할 수 없다.

아이들을 키우는 부모에게 물어봐라, '당신은 어른인가?' 겉모습만 보았을 때는 어른이지만 속으로 들어가 보면 학부모임에도 불구하고 어린 아이의 껍질을 벗지 못한 사람들이 많다.

사전적 의미로는 다 자란 사람, 또는 다 자라서 자기 일에 책임을 질 수 있는 사람을 어른이라 말한다. 심리학적으로 살펴보면 내면아이를 가지고 내면아이와 함께 살아가는 어른들이 많다.

우리는 누구나 '어른'이 되어가고 있다. 아이도 어른이 되어가는 과정이고 어른도 참된 어른으로 성장해가는 과정에 있다는 뜻이다. 외향으로는 몸이 커가고 내면은 성찰하며 성숙하는 인간으로 변해가는 것이 어른인 것이다. 어림, 어리석음에 멈춘 것은 어른이 아니다.

아이 상담을 하다보면 부모 교육의 중요성과 필요성을 느끼게 된다. 아이의 또래 관계는 정서적 안정감을 바탕으로 한다. 가장 가까이서 아이에게 정서적 안정감을 줄 수 있는 중요한 대상은 부모다. 친인척이나 이웃들은 주변인일 뿐이다.

양육자인 부모의 정서적 관계에서 얻어진 안정감은 자녀의 불안을 낮춘다. 그리고 대인관계에 대한 두려움을 감소시켜 또래 관계를 원만하게 형성하도록 돕는다.

부모가 부모의 역할을 다할 때, 어른이 어른의 역할을 다할 때, 아이들의 인성교육은 효과를 발휘하게 된다. 그렇기 때문에 부모 교육은 아무리 강조해도 지나치지 않다. 부모의 마음가짐이 태초의 교육인 태교를 말하는 것처럼 중요하다는 뜻이다.

부모 교육은 부모의 양육방식을 객관적으로 이해하고 자녀의 욕구에 알맞게 교육하기 위함이다. 어느 부모라도 자기 자식만큼은 잘 키우고 싶고 정서적으로 건강하고 행복하게 살기를 바란다. 그러나 자녀의 문제행동이 유발되면 부모는 자녀의 기질적 요인, 부모의 양육태도, 학교 및 또래 관계 등을 객관적으로 평가하여 새로운 부모 교육을 시도할 필요가 있다.

부모 교육은 변화를 위해 필요한 과정이지만 부모들 중에는 부모 교육의 필요성을 과소평가하거나 거부하는 경우가 있다. 먼저, 부모 자신은 자녀에게 예절 교육, 인성 교육을 할 만큼 했다고 생각한다. 그래서 부모가 자녀의 문제 행동을 유발하는 원인이 되었다는 사실을 받아들이기 힘들어한다. 또한 자녀에 대한 미안한 마음도 크기 때문에 인정하기 힘든 경우도 있다.

남의 시선을 염려하여 부모 교육을 피하는 경우도 있는데 이것은 불건강한 것이다. 부모 교육을 통해 문제를 스스로 인정하고 해결하거나 극복한다면 매우 건강하고 성숙한 부모다.

자녀가 건강하게 성장하는 것은 모든 부모의 바람이다. 자녀가 문제행동을 보일 때는 부모와 아이의 합동 교육이 필요하다. 상담의 현장에서 아이의 문제로 왔다가 가족 상담을 하여 좋아지는 경우가 많은 것을 보면 알 수 있다. 부모가 변화하면 아이의 변화는 자연스럽게 이루어진다. 바른 인성 교육의 답은 부모에게 있다는 것을 명심하라.

친구처럼 다정한 아빠가 되고 싶지만 막상 어떻게 아이와 놀아줘야 할지 막막한 아빠들이 많다. 무조건 어른들을 따르는 교육도, 너무 친구같이 지내는 사이로 치우치는 것은 옳지 않다. 선이 정해져 있는 것이 아니기 때문에 부모 역할이 어렵다는 뜻이다. 특히 아빠들의 역할이 어려운 경우가 많다.

현대사회의 다양한 변화는 부모의 교육적 기능 및 역할을 약화시킨다. 그리고 부모의 가치체계 혼란과 같은 복잡한 사회적 문제들로 쌓여 있다.

요즘 부모들은 더 이상 자신의 부모세대가 사용했던 지식이나 양육방식을 모델로 자신의 자녀를 키우기가 어렵게 되었다. 이제는 양육의 중심 가치와 양육 모델의 부재를 극복하기 위해 사회적 도움을 필요로 하고 있다.

아빠들이 달라졌다. 주말에 야외로 가거나 책이나 장난감을 사주는 것으로 아빠 노릇을 다했다고 생각하면 오산이다. 요즘은 아빠들을 위한 다양한 교육 프로그램이 마련되고 있어서 자녀 교육을 어렵지 않게 하고 있다.

자본주의가 급속히 발전하고 진행되면서 개인주의가 팽배해지고 있다. 무한 경쟁 체제 속에서 학부모와 교사 모두 인성교육보다는 성적이나 스펙만을 강조하고 있는 슬픈 현실이다. 그럼에도 불구하고 많은 곳에서 부모교육이 이루어지고 있다는 것은 희망적인 일이다. 어른을 더 큰 어른으로 만들어주는 일이기 때문이다.

03

인성교육은 부부 공동의 투자다

무서운 예상이 하나 있다. 인구감소로 지구상에 사라질 첫 번째 국가가 대한민국이라는 것. 과거 대가족은 볼 수 없고, 핵가족에 이어 1인 가구도 증가하고 있다. 지금 아이들 대부분은 핵가족하에서 자라고 있다. 핵가족 증가 원인은 맞벌이 부부의 증가이다. 학교와 사회로 떠넘기기 이전에 기본 윤리 도덕 교육은 태교부터 시작해야 한다. 태교는 엄마의 마음가짐과 행동이 중요하다. 더 중요한 것은 아이를 갖기 전 아빠의 마음가짐에서 비롯된다.

바람직한 사람을 만나 '나도 그렇게 되어야겠다.'라는 긍정적인 신념을 심어 주는 사람은 확실히 좋은 스승이다. 그러나 '나는 저렇게는 되지 말아야겠다.'를 가르쳐 주는 반면교사 역시 중요한 스승이다. 어리석은 사람이 현명한 사람에게 배우는 것보다, 현명한 사람이 어리석은 사람에게 배우는 것이 더 많다.

조금만 눈을 크게 뜨고 귀를 열면, 주위에 온갖 정면 교사와 반면 교사를 많이 만날 수 있다. 아이들을 참으로 바르게 살아갈 수 있도록 도와주는 진정한 교사는 부모다. 모든 교육이 중요하나 그 중에서도 인성 교육, 도덕 교육은 부모의 역할이 크다. 모든 부모는 정면교사가 되어야하고 당연히 부부가 함께 교육하고 지도하는데 의의가 있다.

좋은 책을 읽히고 싶은 어머니와 맘껏 뛰어 놀게 하고 싶은 아버지 사이에 합의된 교육관을 찾아야 할 것이다. 자신의 주장만 내세우려다 자칫 아이에게 반면교사가 될 수 있는 어처구니없는 일이 벌어질지도 모를 일이다.

식당에서 자신이 앉은 의자는 넣어두라는 어머니와 주인이 정리할 것이니 그냥 두라는 아버지 사이에서 아이는 혼동을 일으킨다. 시원한 수박을 맛있게 먹고 이빨 자국을 보이지 않게 껍질을 뒤집어 놓으라는 어머니와 편하게 그냥 두라는 아버지 사이에서 아이는 안절부절 못한다. 인사는 먼저 보는 사람이 하는 것이라는 어머니와 어린 사람이 먼저 해야 한다는 아버지 사이에서 아이는 혼란을 일으키게 된다. 예절의 기본이 정립이 되지 않으면 어른이 되어서도 어떻게 할지 헷갈린다. 예절에도 보이지 않는 정답은 있기 때문이다.

부모라고 해서 모든 것을 다 아는 것은 아니다. 우리 사회의 '부모'라는 역할은 특별한 교육이나 훈련을 받지 않고도 결혼한 성인이 대부분 맡게 되는 일이다. 그런 의미에서 부모도 지속적인 교육을 받아야 한다. 평생교육에서 중요한 것 중의 하나가 예절교육이고 부모교육이다. 요즘은 부모교육 기관이 많이 생겨서 조금만 신경 쓰면 부부 자신은 물론이고 자녀와 가족이 한 모습으로 예의 바른 가정이 될 것이다. 모범적인 아이로 훌륭하게 키울 관건은 부모의 역할과 태도이다. 부모가 윤리적인 정서가 없고 도덕적인 기준이 불분명한 상태로 자식을 지도한다는 것은 어불성설이다. 교육되어진 부모 곁에서 자녀는 올바르게 성장된다. 부모 공동의 기준으로 일관되게 지도하는 것이 필요하다. 거기에 교육기관과 협력을 유지하는 인성 교육은 진정한 효과를 얻어낼 수 있다.

나폴레옹이 폴란드를 점령한 후에 폴란드의 부자 영주로부터 저녁 초대를 받았다. 나폴레옹은 신하들과 더불어 저녁에 그 영주의 집을 찾아갔다. 영주의 집에는 많은 손님들이 와 있었다. 그 중에서도 나폴레옹이 첫째가는 손님이었다. 상이 차려지고 자리가 배정되었다. 응당, 승전국의 황제이며 그 이름이 세계에 알려져 있는 나폴레옹의 자리가 첫째 좌석임에는 틀림없었다. 그러나 영주는 세 번째 좌석에 나폴레옹을 앉혔다. 그리고 나머지 손님들은 그 다음으로 앉혔다. 나폴레옹은 불쾌한 마음이 들었다. 그러나 체면 때문에 화를 내지 않고 참았다. 만찬이 시작되는 중에도 맨 앞 두 자리는 비어 있었다. 만찬이 끝난 후 나폴레옹의 신하들이 영주에게 항의하며 물었다.

"우리 황제가 첫 번째 자리에 앉아야 하는데 왜 세 번째 자리에 배정을 했습니까?"

그때 영주는 대답하기를,

"황제는 프랑스에서는 제일갈지는 모르지만 저희 집에서는 아버지, 어머니, 그 다음 자리가 황제이기 때문에 첫째, 둘째 자리는 부모님 자리였습니다."

영주의 말을 듣고 난 나폴레옹은 마음에 진한 감동을 받았다. 프랑스로 돌아온 나폴레옹은 모든 국민에게 효성이 지극한 그 폴란드 영주를 소개하고 전 국민이 부모에게 효도할 것을 호소했다.

이 이야기는 단지 '효'를 말하는 것만은 아니다. 부모의 공통으로 정해진 도덕적인 기준으로 키워진 아이는 성인이 되어서도 부모가 정면교사가 된다는 것이다. 부모는 자식이 가장 존중하는 인생의 스승이 된다. 그렇기 때문에 세 번째 좌석에 앉은 나폴레옹도 감동할 수밖에 없었던 이유다.

현대인에게 '가장 존경하는 분이 누구냐?'고 물으면 많은 사람들이 주저하지 않고 '부모님'이라고 답을 한다. 예전에는 부모님이라고 대답을 하는 경우가 흔치 않았다. 제일 존경하는 사람이 '부모님이다.'가 언제부터인가 유행처럼 되었다. '존경하는 사람이 누군가?' 라는 질문에 일반적으로 부모를 제외하고 대답했던 때가 있었다. 존경하는 사람은 대부분 위인이라고 알고 있기도 했고, 부모님이 이름난 사람들에 비해 훌륭하다고 생각하지 않았기 때문이다.

지금은 깊이 생각하고 부모님이라고 대답하는 경우가 늘었다. 오랜 시간 부모님과 함께 생활하면서 그 분들이 어려웠던 시절을 슬기롭게 헤쳐나간 지혜와 자식 교육을 위해 헌신적으로 노력하셨던 모습을 잘 알고 있기 때문이다. 부모만큼 자신을 잘 키우기 위해 노력하는 사람은 없다. 부모의 지혜와 노력을 배우며 긍정과 존경의 마음이 쌓이게 되어 부모의 좋은 면을 볼 수 있는 능력들이 커졌기 때문에 가능한 일이다.

결혼을 하여 아기를 낳아 부모가 되는 것만으로 부모로서의 성숙한 모습을 갖게 되는 것이 아니다. 여성의 사회 참여로 부부가 자녀양육에 공동 책임을 지고 가사일도 함께 부담해야 한다는 것이 보편화되어 가고 있다. 사회적 입장에서는 국가발전의 원동력은 인간이다. 지적, 인성적 기반이 유아기에 형성되므로 자녀를 가장 효율적으로 교육시킬 수 있는 교사인 부모교육은 반드시 필요하다.

핵가족의 현실에서 자녀양육은 부부 공동의 몫이다. 아이는 부모를 보고 자란다. 교육정책이나 시스템에서 사회나 학교를 욕하기 이전에 부모로서 얼마나 노력하고 있는지 스스로 돌아보자.

04

대화와 스킨십은 이미 소통이다

GE의 전설적인 젝 웰치는 '중요한 내용을 열 번 이상 읽지 않으면 한 번도 말하지 않은 것과 같다.'고 했다. 이것은 소통의 중요성과 소통의 어려움을 동시에 표현하고 있다. 소통이란 가지고 있는 생각이나 뜻이 서로 통하는 것을 말한다. 불통은 생각이나 뜻이 통하지 않는 것을 말한다. 불통은 죽은 것이고 소통은 살아 움직이는 것이다.

가정이라는 공간 안에서 소통은 무엇보다도 소중하다. 가족끼리의 소통은 윗사람 아랫사람 누가 먼저하는 것이 아니다. 마음과 눈빛 그리고 말과 행동이 쌍방 또는 다방면으로 서로 이해되는 것을 말한다.

어느 코미디 프로그램에서처럼 재방송까지 하며 유행했던 이야기가 있다. 아들이 고등학교를 다니는지, 재수를 하는지, 아버지가 회사를 다니는지 명예퇴직을 했는지, 엄마가 아픈지 아닌지도 모르는 속에서 살고 있다면 소통은 없는 가정이다. 소통 없이 무관심으로 사는 '가정'은 가족의 의미도 없다고 볼 수 있다.

초등학교 수업을 하다보면 어쩌면 저렇게 말을 듣지 않을까? 행동 하나하나가 화가 나게 만드는 학생이 있다. 청개구리 그 자체이다. 어떤 방법을 써야 할지 당황할 때가 많다. 수업 시간임에도 돌아다니기 일쑤며 소리 지르기는 마음대로다. 갑자기 친구를 때리는 일도 허다하고 친구의 공책에 심하게 낙서를 하는 경우도 많다. 이 아이들이 모두 ADHD 증후군은 아니다.

요즘 아이들은 절대 양보할 줄을 모른다. 친구가 내 공책에 낙서를 했다면 상대방은 더 크게, 그리고 그것이 계속 되풀이되며 말리지 않으면 나중에는 큰 싸움으로 된다. 몸싸움도 마찬가지다. 툭 치는 것으로 시작한 다툼이 피를 보고 끝나는 경우도 허다하다.

문제는 거기서 그치지 않는다는 것이다. 학부모가 교사에게 전화를 하고, 화가 덜 풀리면 교장실로 쳐들어간다. 곧장 교육청에서 문제를 해결하려는 부모도 많다.

심하게 수업을 방해하는 저학년 여자 아이가 있었다. 달콤한 사탕으로 달래는 것도 다정한 말 또는 윽박지르기, 어느 것도 통하지 않았다. 학생들을 지도할 때 '기다려 주라.'고 한다. 끊임없이 방해를 하는 아이 때문에 다른 아이들을 방치한 채 한 시간 내내 기다려 줄 수도 없는 현실이다.

수업 시간에 조용히 아이를 복도 끝 계단으로 불러냈다. 약간 겁을 먹은 표정이다. 사랑스런 목소리로 아이의 이름을 불렀다. 아무 말이 없다. 그리고 손을 꼭 잡은 후 얼굴을 바라봤다. 눈빛을 피한다. 나는 아이의 이름을 다시 한 번 부르고 꼭 안아주었다.

아이의 눈에 눈물이 맺혔다. 그리고 학부모 상담을 했다. 아이가 유치원 때 동생이 생겼다고 한다. 유치원 때는 누구보다도 의젓하고 모범적인 아이였다. 동생이 생긴 후로 오줌을 싸고 동생을 할퀴는 등 퇴행적인 행동 양상이 계속 이어졌고 부모도 왜 그런지 이유를 알지 못했다고 한다. 아이를 더욱 윽박지르기 시작했고 신생아 키우기에 벅찼던 엄마는 유치원 다니는 큰 아이는 다 컸다고 생각했다.

일곱 살은 아직 어린 아이에 불과하다는 것을 간과했던 것이다. 초기우울증으로 진단 받았던 아이는 상담을 받고 부모의 관심과 사랑으로 지금은 동생을 돌보는 일까지 거뜬하게 잘 하고 있다.

의사소통을 잘하기 위해서는 잘 들어주는 것이 우선되어야 한다. 말을 잘하는 사람은 듣기를 잘하는 사람이다. 내 말을 하기 위해 상대의 말을 자른다거나 목소리를 높인다면 진정한 대화는 이루어지지 않는다.

부모의 이야기만 하는 것은 대화도 소통도 아니다. 아이의 눈높이에 맞춰 잘 들어주고 이해해야 한다. 어린 아이라 할지라도 대화와 소통은 꼭 필요하다. 어릴수록 많이 안아주어 심신의 안정을 찾게 하고, 사랑받고 있는 존재임을 느끼게 해주어야 한다. 사랑의 대화를 끊임없이 하고 끊임없이 안아주는 것이 자녀를 대하는 기본 태도다.

가족 간에도 가벼운 대화, 무거운 대화가 있다. 일반적으로 무거운 대화를 할 때는 시간을 갖고 가족회의를 하는 것도 좋다. 안건을 미리 '가족 카톡 방'에 올려 공지하여 생각할 수 있는 시간을 마련하여 배려하는 것도 좋은 방법이다.

괜히 무거운 문제를 가볍게 해결하려다 다툼이 생길 수도 있다. 대화를 나누는 상대방은 말에만 귀를 기울이는 게 아니라 모든 부분을 관찰하게 되는데 이것을 메러디안법칙이라고 한다. 가장 친밀한 가족 간에 이 법칙이 적용되면 좋다.

청각적 요소인 목소리는 38%, 표정 30%, 태도 20%, 몸짓 5% 등 청각적 요소가 55%, 언어적 요소는 7% 정도를 차지한다. 말뿐만 아니라 몸짓 또한 대화의 일부분이라는 뜻이다.

따라서 대화를 할 때 눈 마주침이 원칙이지만 긴 대화를 편안하게 하기 위해서는 눈보다는 상대방의 코나 턱을 쳐다보는 것도 좋은 방법이다. 상대방에게 부담을 주지 않는 대화가 자연스런 것이다.

이야기를 할 때 무의식적으로 경직되거나 미간을 찌푸리는 경우가 있는데 이러한 태도는 상대방의 오해를 사기 쉽다.

어릴 때부터 대화법 교육으로 나쁜 습관을 갖지 않도록 지도하는 것을 잊지 말아야 한다.

잘못을 보고만 있으면 문제가 해결되지 않는다. 어떻게 해결을 할 것인지 해결책에 집중해야 한다. 어떤 문제 상황이 발생했을 때 과거의 잘못에 초점을 맞추고 잘못의 이유를 파고들면 대화는 진전하지 못한다. 결국 문제를 해결하지 못하고 그 자리에 머물게 되는 것이다.

아이들에게는 제일 중요한 것은 사랑이다. 아이들은 사랑을 먹고 산다고 해도 과언이 아니다. 관심과 애정 속에서 정신과 육체가 쑥쑥 자라기 때문이다. 그 사랑 안에 소통과 스킨십이 있다.

인간은 동물과 다르다. 동물들은 세상에 나와 몇 시간이 지나면 바로 서고 먹을 줄 안다.

인간은 엄마의 뱃속에서 고요하고 편하게 지내다가 험한 세상에 나와서 스스로 세상을 살아갈 능력을 기를 때까지는 부모의 사랑으로 자란다. 먹여줘야 먹고 일어서서 자유롭게 걷기까지는 일 년이라는 긴 세월이 걸린다.

아기들은 양육자의 사랑을 받으며 인간에 대한 신뢰를 갖게 되고 부모의 사랑을 바탕으로 세상에 대한 믿음이 생긴다. 아이는 부모의 든든한 사랑으로 세상으로 나아갈 자신감을 갖게 된다.

부모의 사랑을 아기에게 전해줄 수 있는 가장 좋은 방법은 안아주는 것이다. 특히 신생아 시기에는 많이 안아줄수록 아기는 심리적으로 안정된다. 성장하고 어른이 되어서도 독립적이고 사교적인 대인관계가 원만한 사람이 된다.

이것이 심리학의 대상관계 이론인데, 이런 심리적인 안정감은 평생 아기의 정서적인 면에 영향을 미친다. 안아준다고 버릇이 나빠지는 것은 아니다. 그러니 엄마, 아빠 모두 시기적절하게 안아주는 것이 필요하다.

진리는 가까이에 있다. 행복은 진정한 대화와 스킨십의 소통에서 온다고 할 수 있다. 신체 접촉을 많이 할수록 건강하고 안정된 삶을 살 수 있다.

터치 건강법에 관한 내용이 방송된 적이 있었다. 콜롬비아에서는 미숙아를 인큐베이터에 넣는 대신에 캥거루처럼 엄마에 안겨 24시간을 함께 있게 했다. 그런데 정상적인 아이보다 성장이 더 빠르다는 결과가 나왔다.

인큐베이터에서 느낄 수 없는 엄마의 체온이 신생아에게 안정감을 준 것이다. 그래서 외적인 성장도 가능했던 것이다. 피부는 제 2의 뇌로, 스킨십은 두뇌 발달과 정서적 안정에 큰 역할을 한다.

가정 안에서의 따뜻한 대화와 스킨십은 건강하고 행복한 사람으로 만들어준다.

'나는 사랑받고 있다.'라는 믿음 속에 긍정적인 사고가 형성되면서 자아 존중감을 형성한다. 어릴 때부터 이웃에 대한 배려와 이해심을 갖게 하여 소통한 만큼 다시 베풀게 되는 사회적 인간으로 자란다. 그 역할의 핵심은 부모에게 있다.

05

좋은 부모는 먼저 반성한다

대체적으로 자녀가 태어나는 날 부모는 기쁘다. 나도 아이가 태어나던 날 세상을 다 얻은 느낌이었다. 지금도 기억이 생생하다. 모든 부모는 출산과 함께 아이를 처음 만난다. 둘째, 셋째라도 다른 사람이기 때문에 처음 만나는 것이다. 처음은 낯설음이며 익숙하지 못함이다. 그래서 실수도 하고 상처도 줄 수 있다. 실수를 하고 상처를 줄 때 "미안해!" 한마디 하기가 참으로 어렵다. 아기를 어른 같은 인격체로 생각하지 않기 때문에 그럴 수 있다.

"미안해!" 는 사회성을 표현한다. 상대방에 대한 존중의 의미를 담고 있다 그런데 의외로 부모가 자녀에게는 자주 하지 않는 말 중 하나이다. 자식에게도 잘못을 했으면 인정하고 용서를 구할 줄 알아야 한다.

가정이라는 작은 공간 안에서 형성되는 사회성은 학교와 같은 사회, 국가, 세계적으로 영향력을 미칠 수 있는 힘이다.

우리는 물질적으로 풍요로운 시대에 살고 있다. 그에 반비례해서 인정마저 기계화된 황폐한 삶으로 살아간다는 것은 슬픈 현실이다. 우리 사회에 팽배한 불신의 풍조를 슬기롭게 극복해야 한다. 반성과 화해의 정신이 우리 사회에 가득할 때 인정과 인성은 되살아나고 아름다움이 꽃핀다. 미안해하는 마음, 반성하고 사과하는 마음은 인간성을 회복하고 사랑을 꽃피우는 일이다.

이른 나이에 결혼한 사람의 이야기다. 아버지가 무서워서 빨리 독립하고 싶은 마음에 2년제 대학졸업과 동시에 결혼을 했다. 아이를 낳고 육아에 대한 지식이 없어 너무 힘들었다. 남편은 남편대로 힘들었다. 어느 날 아이를 재우고 너무 힘들어 혼자 술을 마시며 자신의 삶을 돌아본다. 무서운 아버지 속에서 빨리 도망치고 싶었을 뿐이다. 이렇게 힘든 원인은 아버지 때문이라는 결론을 내렸다. 하소연하고 싶어 아버지께 전화를 했다고 한다. 술기운이었다. 전화를 받은 아버지는 딸의 하소연을 들어준다. 그리고 마지막에 한마디를 한다.

"미안하다. 나도 네가 처음이라 어떻게 해줄지 몰랐다. 옛날로 돌아간다면 잘해줄 텐데."

아버지의 사과와 반성을 듣고 그 사람은 펑펑 울었다. 아버지는 전화를 끊지 않고 딸의 울음을 들었다. 관계의 건강한 회복이다. 딸의 하소연을 듣고 반응이 없었다면 더 냉랭한 사이가 되었을 것이다. 아버지의 진정한 사과 한 마디로 새로운 삶을 열어갔다.

자녀에게 반성하는 모습이나 사과하는 모습은 창피한 것이 아니다. 가장의 권위나 부모의 권위가 떨어지는 것도 아니다. 자녀는 자라면서 고유의 인격체가 된다. 자녀도 사회에 나가 사과도 해야 하고 반성도 해야 할 일이 많다. 그 모습을 보여주는 사례의 아버지처럼 진정성 있게 반성한다면 남은 삶이 밝아진다.

학생들 수업을 하면서 컨디션이 안 좋거나, 준비가 미흡할 때 나는 바로 사과를 한다. 잘못을 했으니 당연히 사과해야 한다. 내가 사과하면 아이들은 입을 모아 말한다.

"선생님은 왜 미안하다고 하세요?"
"선생님은 다른 어른들보다 미안하다는 말을 잘 하는 것 같아요."
"왜 어른이 미안하다고 해요?"
"우리 엄마는 나보고 미안하다는 말은 안 해요."

생각해보니 미안하다는 말을 많이 쓰고 사는 것 같다. 진정으로 미안해서 미안하다는 말을 사용할 때도 있었지만 관계를 힘들게 하지 않으려고 말한 적도 있다. 지도하는 학생들이나 내 아이들에게 '미안'이라는 말을 할 때 모두 진심이었다. 아주 작은 것을 잘못 생각하거나 행동했을 때도 미안하다고 했다. 아이들은 나의 진심을 안다. 진심이 담긴 '미안'이라는 말을 좋아했다. 고맙게도 아이들은 그대로 흡수한다. 내게 배운 많은 아이들이 자신의 작은 잘못에 자존심 내세우지 않고 미안하다는 말을 잘한다. 좋은 습관이다. 아이들 사이에서는 "미안하다면 다냐?"로 이어지기도 했지만 "내가 무엇을 잘못했는데?" 보다는 수업 분위기도 좋았고, 관계 개선에 많은 도움이 되었다.

효 지도 시간에 자신이 잘못한 일을 글쓰기로 해보았다. 수업을 시작하자 "전 잘못한 것이 없는데요."라고 하던 아이들이 잘못을 찾아내기 시작했다. 아이들뿐만 아니라 성인들도 자신의 잘못을 잘못인 줄 모르고 살아가는 사람들이 많다. 작은 잘못도 스스로 찾고 인정하면 마음이 편해진다. 그것이 삶의 지혜이다.

초등학교 학부모 특강을 갔다. 인성교육이니 따분하지 않게 재미있게 해달라고 했다. 재미있게 강의하는 것이 트렌드인데, 학부모들에게 미안하다. 난 재미보다는 진지한 쪽이니 내가 질문을 했다. 지금까지 자녀에게 미안하다고 말한 적이 얼마나 되는지 물었다. 한 번도 안 한 학부모가 많았다. 잘못했을 때마다 한 학부모도 의외로 많았다. 미안하다는 말을 한 번도 안 한 사람은 자녀에게 잘못한 기억이 무엇인지 물었다. 자식 키우면서 잘되라고 하는데 뭐 그리 잘못한 일이 있겠느냐고 되묻는다. 큰 잘못을 말하는 것이 아니다. 사소한 것을 인정하는 의미의 잘못, 소통의 의미로서의 잘못을 말하는 것이다.

'엄마가 미안해.' '아빠가 잘못했어.'라는 이야기를 들으면 아이는 '아니에요, 엄마, 아빠 제가 잘못했어요. 잘 할게요.' 라는 교육의 효과는 긍정으로 돌아온다.

거짓말을 하고도 거짓말이 아니라고 우기는 사람들이 많다. 그것은 거짓이고 자기 합리화다. 잘못을 바로 인정하고 용서를 구하라. '미안'이라는 말이 입 밖으로 나오는 순간, 당신의 기분은 맑아질 것이다. 그런 사람들이 많아질수록 사회는 밝아질 것이다.

사과하고 반성하는 모습은 사회성의 표현이다. 독불장군은 사과나 반성은 없다. 오직 자기가 최고인 줄 안다. 자녀가 자신이 최고인 줄 알고 세상 모르고 뛰어다니는 것에 박수치는 부모는 없다. 또한 반성할 줄 알아야 겸손하며 세상의 인정을 받을 수 있는 삶의 실력을 쌓을 수 있다. 자녀에게 잘못한 게 있으면 즉시 사과를 하고 반성하자. 그 모습을 보여주는 것만으로도 자녀는 함께 사는 방법을 배운다.

06

봉사의 기쁨은 함께 함께 또 함께

학생들이 하는 봉사활동은 자발적이기보다는 학교에서 요구하는 봉사 점수를 받기 위해 하는 경우가 많다. 그러한 봉사활동은 진정한 봉사라고 볼 수 없다. 그러나 어쩔 수 없는 현실이다. 어릴 때부터 부모를 따라 즐거운 봉사활동을 한 경우는 다르다. 학교의 숙제라 느끼지 않고 자신의 재미있는 놀이라고 생각하기 때문이다. 고사리 손으로 남을 돕는 일을 하여 칭찬을 받고 가슴 뿌듯함을 느꼈다면 그 아이의 삶의 방향은 보통의 친구들과는 다르게 된다. 남다르다는 느낌을 받으며 자신과 남, 사회를 사랑하는 마음이 커질 것이다.

한 달에 한 번 토요일에 목욕 봉사를 다니는 가족이 있다. 장애인들을 벗기고 씻기노라면 온 몸에 땀이 흐른다. 몇 시간의 활동으로 몸은 녹초가 되지만 마음은 하늘을 날 것 같은 기분이 든다고 한다. 경험을 해본 사람만이 기분을 안다. 이 가족의 초등학교 3,4학년인 자녀들은 어릴 때부터 남을 돕는 것이 기쁘다는 것을 스스로 체험하게 되었다. 어른들과 함께 봉사하면서 칭찬을 받고 그것이 좋은 일이라는 것을 몸으로 느끼게 된 것이다.

이렇게 가족과 함께 사랑을 나누는 봉사활동은 더욱 건강한 가정, 건전한 사회를 만드는데 이바지할 것이다. 여기서 성장에 중요한 포인트가 있다. 노벨평화상을 받은 마더테레사, 아프리카의 천사 이태석 신부, 간디, 나이팅게일이나 큰 업적을 남긴 세계적인 봉사 활동가, 예는 많다. 봉사를 하면서 돈이나 승진 같은 외적 동기가 아닌 숭고한 목표를 가진 내적 동기를 가질 수 있다.

보이지 않는 곳에서 어려운 이웃에게 재능과 재물 등의 기부를 베풀면서 살아가는 사람들이 많다. 사람은 다른 사람에게 도움을 주었을 때 자신에 대한 만족감이 높아진다. 봉사나, 기부활동을 하는 사람의 심리도 이와 관련이 깊다. 자신이 누군가를 돕고 그 가치가 타인에게 좋은 영향을 끼쳤을 때 자존감이 높아지는 것을 경험할 수가 있다. 거창한 봉사활동이나 기부활동을 말하는 것은 아니다. 남을 배려하고 도움을 주는 작은 행동은 자신에 대한 가치를 높인다. 사회를 맑고 밝게 하는 참다운 봉사는 숭고한 느낌마저 준다.

잠시 나의 이야기를 하고 싶다. 어린 시절, 가족은 먹을 것이 없어도 거지가 지나가면 상을 다시 차려 대접하는 할아버지, 그런 할아버지께는 잔소리를 하면서 누가 왔다 갈 때에는 뭐라도 퍼주는 할머니, 계절이 바뀔 때마다 떡을 해서 나눠먹는 어머니, 남의 농사일에 발 벗고 나서는 아버지를 보고 자랐다. 그래서인지 남을 돕는 것에 익숙했다. 우등상은 받지 못했지만 선행상은 해마다 받은 것으로 기억된다

시골집에는 사과나무를 비롯하여 과일 나무가 열 그루가 넘었다. 가을이 되면 동네 사람들에게 사과를 돌리러 다녔고, 책가방에 넣어 선생님과 친구들에게 갖다 주는 일이 재미있었다. 우리 형제자매 생일이나 계절이 바뀔 때 어머니께서 만든 떡은 큰 딸인 내가 날랐다. 이웃들의 모든 칭찬은 내가 받았다. 그것은 정(情)을 나누는 일이었고 꿈을 먹는 일이었다. 칭찬 때문이었는지 모르겠다. 지금도 일 년에 100시간 이상 봉사활동을 한다. 어린 시절 어른들을 보면서, 많은 영향을 받은 건 사실이다.

초등학교 4학년 때 크리스마스 즈음의 일이다.

담임선생님께서 조용히 부르셨다. 아들 며느리가 없이 손자, 손녀를 데리고 사시는 할머니께 선물을 갖다 놓고 오라는 심부름이었다. 전제는 아무도 몰래 조용히 놓고 와야 한다는 것. 그리고 선생님께서는 '지금 네가 하는 일이 천사 같은 일'이라고 말씀해 주셨다. 그 당시 선물다운 선물을 한 번도 받아보지 못했던 나는 내용물이 궁금했고 예쁘게 포장된 그것을 갖고 싶었던 기억이다. 조손가정 댁에 도착해서 나는 선생님이 '천사'일지 모른다는 생각이 들

었다. 담도 없고 다 무너져가는 길가, 차가운 초가집 부엌에 선생님의 선물을 내려놓으며 어른이 되어서 꼭 선생님 같은 사람이 되어야겠다고 생각했다.

전에는 왼손이 하는 일을 오른 손이 모르게 하라고 했다. 그러나 봉사 활동은 하고 싶은데 어디서 어떻게 하는지 몰라서 못하는 사람들이 의외로 많다. 나는 다도, 예절, 시낭송 봉사, 진행 봉사, 녹음 봉사 등을 주로 하고 있다. 그 외에도 목욕 봉사, 청소봉사, 말벗 봉사, 교육 봉사, 음악 봉사 등 수많은 일들이 당신과 당신의 자녀를 기다리고 있다는 것을 기억하라. 봉사 활동을 하는 사람은 자신이 하고 있는 일을 널리 알려서 많은 사람들에게 함께 할 수 있는 기회를 주는 것이 좋다. 그러면 세상은 점점 더 따뜻해질 것이다.

봉사활동에 관한 글을 정리하다 지금까지 나의 활동 점수가 궁금했다. 알아보기 위해 사이트로 들어갔다. 현재, VMS사회복지 자원봉사 인증관리 시스템에는 1,030시간, 1365 자원봉사 포털 사이트에는 849시간 10분으로 누적 봉사 점수는 1,879시간 10분이 넘어가고 있었다.

몇 년 전에 '동장 인증서'에 이어 '은장 인증서'를 받았고 올 연말에는 1,004(천사)점이 넘으면 받는 금장 인증서와 배지를 받을 것이다. 좋은 일을 수치로 표기하는 것은 학생들에게 동기부여가 된다. 학생들에게는 점수를 관리해 주는 것도 필요하다. 자신이 보람있는 일을 한 점수가 높을수록 밥을 안 먹어도 배부른 것 같은 기쁨도 충만해진다.

자녀와 함께 봉사 점수 모으는 취미를 가지면 색다른 즐거움을 얻을 것이다. 여기서 점수만을 이야기하는 것이 아니다. 점수와 함께 기쁨 받음을 의미한다. 학교에서 봉사 점수를 요구하다보니 시간도 없고 여유도 없는 학생들이 '봉사활동확인서'를 부적절하게 받고 있다. 지인을 통해 허위로 받기도 하고 짧은 시간을 하고 추가로 시간을 받아가기도 한다.

봉사의 기본에 어긋나는 이런 비양심적인 행동은 처음부터 자르고 막아야 한다.

'아낌없이 주는 나무' 봉사팀이 있다. 시각 장애인들을 위한 음악 봉사 그리고 책읽어주기 활동을 한다. 매월 한 번씩 가는 '한마음의 집'에 나와 함께 활동을 하는 아기 아버지가 있다. 자녀가 셋이나 있어 '애국자'로 불리는 아기 아버지는 아이 셋 중에 누구든 한 아이는 데리고 온다. 혼자서 좋은 일을 하자고 토요일의 양육을 아이 엄마에게 모두 떠넘기고 나올 수 없는 까닭이다.

시각 장애인들과 산책이 있었던 어느 봄날은 34개월이 된 관호와 함께 왔다. 아이도 함께 산책을 했다. 지난주에는 5개월 된 정호를 데리고 왔다. 방학이라 놀러 온 한마음 병원 직원의 아이가 아기와 놀아줬고 우유를 먹고 기저귀를 간 후 끝날 때까지 유모차에서 단잠을 잤다. 이 시기에는 아빠가 무슨 일을 하는지 논리적으로는 모른다. 자신도 모르는 사이, 느껴지는 것이 있고 무의식으로 남게 될 것이다.

성장하면서 함께 했던 사진들을 보고 아빠의 이야기를 들으며 자신이 어떤 일을 했는지 알게 될 것이다.

우리 민족은 예로부터 농경생활의 기반으로 다른 사람과 더불어 사는 삶을 살아왔다. 고대로부터 돕고 나누는 삶의 유전자는 현재까지 이어지고 있다. 많은 사람들이 기부와 봉사를 하고 있는 것은 아직도 '도움 유전자'가 꿈틀거리고 있기 때문이다.

봉사활동을 하여 만족감을 느끼게 하는 것은 무엇보다도 부모의 역할이 크다. 부모가 전혀 그런 마음이 없고 행동을 하지 못한다면 아이도 알 리가 없다. 봉사활동은 '스스로 원해서 남을 돕는 일'이어야한다. 자신이 가진 시간과 재능, 마음을 주위의 어려운 이웃들에게 아무런 보수나 대가를 바라지 않고 하는 활동이다. 지역사회의 발전과 함께 자신과 이웃의 삶의 질을 향상시키는 건전한 일로 자리매김해야 한다. 작은 관심은 사랑과 나눔의 시작이다.

사랑은 나눌수록 커지고 실천할수록 아름다워진다. 자녀와 함께 하는 봉사활동과 기부는 아름다운 세상을 만들어가는 즐거운 일이다.

07

망설이지 말고 전문가에게 도움을 구하라

요즘은 교육 기관에서 인성교육을 받는 경우가 많아지고 있다. 인성 교육의 필요성을 알고 피부로 느끼는 사람들이 많다는 것이다. 가정보다는 외부에서 체계적인 교육을 받아야 능률적이고 효율적이기 때문이다.

방학이 되면 너도나도 서당이나 향교 등을 찾아 아이들을 한 달씩 교육을 시키는 일이 유행처럼 번지기도 했다. 가치관의 혼돈 속에 살고 있는 우리나라 사회 구성원들에게 인성과 적성 등 예절교육의 필요성이 대두되었다. 그래서 전통 예절교육기관인 서당 및 향교 등에서 무료 교육도 시키고 있는 현실이다.

인성교육에 관심 있는 부모들은 방학이 시작하기 몇 달 전부터 기억하고 있다가 신청하기도 한다. 전국에 전통예절 교육 기관이나 현대 예절 교육 기관은 많으며 인성예절 교육, 감정 코칭 등 프로그램이 주목받고 있다.

나는 '여락인성심리연구소'에서 사람됨을 연구하고 상담을 하고 교육도 한다. 그리고 심리상담센터에서 상담을 한다. 손가락 끝, 손 바닥에 있는 지문을 매개로 상담을 하고 독서치유, 특히 시 치유를 한다. 유튜브 방송 ETB 문학채널 '김종진의 시치유 시에서 행복찾기'는 인기리에 방송중이다. 같은 이름의 책도 출간했다. 상담은 문제가 있는 사람이 받는 것이 아니다.

요즘 마음이 힘든 사람들이 참 많다. 마음이 힘들기 전에 예방이 중요하다. 심리상담센터에서는 인성이 되지 않아 문제가 있는 아이와 부모를 상담하고 코칭도 해 준다. 상담센터가 심도 있는 인성교육 기관이라는 뜻이다. 나는 '생명의 전화' 상담도 꾸준히 하고있다. 생명이 위급한 경우만 상담을 하는 것은 아니다. 얼굴을 알리거나 이름을 알리고 싶지 않은 사람들이 고통을 토로하기도 한다. 어떤 식으로든 자신의 힘듦을 표현하고 누군가와 말을 하는것은 문제 해결점의 시작이 된다.

조선시대에는 교육기관 중 관학에 해당하는 향교, 사학 등 기관에서 소학을 통해 생활의 기본예절을 익혔으며, 효경을 통해 효의 실천을 이해하였다. 성균관은 조선시대 최고의 교육기관으로 고급관리를 양성할 목적이었으며, 청소년 성인을 대상으로 예절과 인성교육을 행하고 있었다. 요즘에는 충효교실 · 청소년 인성교육 등 예절교육이 많은 곳에서 운영되고 있다.

지리산 청학동 예절학교 청림서당은 1주 과정부터 4주 과정까지 나뉘며, 선착순 100명을 모집하여 '청소년 인성 · 예절캠프'를 운영, 진행하고 있다. 프로그램이 좋아 인기가 있어 많은 학생들이 이곳에서 인성교육을 받고 있다. 이렇게 인성, 예절을 가르치는 곳이 많으니 얼마나 다행스런 일인가.

학생들은 한복만 입혀 놓아도 몸가짐, 마음가짐이 달라진다. 예절을 지켜야 할 것 같은 장소도 잘 알아차린다. 부모님께 학교에서 배운 것만으로 충분할 수도 있지만 색다른 곳에서 교육은 한 단계 업그레이드 될 수 있다.

배운 그대로 잘 지킨다면 문제는 없다. 그런데 계속 학습되지 않으면 인성 교육도 느슨해진다는 사실이다. 부모교육이 필요하고 학부모 연수가 필요한 이유인 것이다.

우리나라의 학생들과 기성세대 중 다수가 심한 가치관의 혼란과 갈등을 경험하고 있다. 이기적이고 개인주의적 태도나 요령, 편협주의적인 태도를 가지는 경향이 많으며 부정적인 가치관이 강하게 자리 잡고 있어 인성 교육이 필요한 경우가 늘어나고 있다.

학교에서 글쓰기 논술 수업을 지도하던 반에서 방학특강으로 인성 예절 교육을 실시하였다. 한복을 입고 오면 선물을 주겠다고 했다. 한복이 있어도 귀찮다는 이유로 입지 않는 학생들이 많기 때문에 쓴 방법이다.

한복을 입는 경우와 입지 않는 경우는 생각의 차이는 있지만 행동이 많이 달라진다. 그날 한복을 입은 학생 중에 평소에 장난꾸러

기였던 한 학생이 몰라보게 달라진 모습을 보였다. 의젓하고 멋지다는 친구들의 칭찬이 이어졌다.

사람은 의상에 따라 분위기가 달라진다. 서당에서 한복을 입고 상스런 말을 하고 폴짝폴짝 뛰는 것은 자연스럽지 못하다. 운동장에서 트레이닝 복을 입고 우아하게 걷거나 조신하게 행동하는 것도 자연스럽지 못한 행동이다.

자연스러워야 한다. 억지로 만들려고 하지 않는 그대로의 모습이라는 것이다. 즉 의상을 갖추고 예절교육, 인성 교육을 받으면 효과가 더 좋다는 말이다.

수업에 푹 빠지면서 선생님의 말씀에 공감하고 친구들과의 사이에서도 서로 배려하고 수용하는 것이 좋은 인성 교육이다. 부모님께 효도하며 자신과 가정 그리고 사회의 평안을 만들어 가는 일을 배우는 것이 좋은 인성의 기초 단계인 것이다.

인성교육은 사람이 되어가는 모든 것을 포괄적으로 알게 해주는 교육이다. 아이나 어른에게 다양한 삶에 대한 이해를 할 수 있고 나눔을 통해 삶의 균형을 이뤄 행복한 생활을 할 수 있는 것이다.

나아가 집중력과 학습능력 향상, 업무능력 향상, 개인고민, 가족고민, 자살예방 그리고 불건전한 습관의 변화, 대인공포를 제거하여 마음의 안정을 찾을 수 있고, 금연, 금주, 비만, 우울증, 스트레스 등을 줄일 수 있다. 학교 직장 내 따돌림, 학원폭력예방과 치유 등 삶의 전반적인 것들을 스스로 선택하고 해결할 수 있다.

사당, 향교에서의 인성교육은 예절의 측면이 많고, 효를 강조하는 부분이 많다. 부모님에 대한 감사의 마음을 기르고 조상의 슬기와 지혜를 체험하는 활동을 통해 효에 대한 인식을 개선하고 인성 예절을 함양하는 데에 역점을 둔다. 학생들은 기초생활예절, 전통 배례교육, 다례교육을 통해 생활 예절을 배우고 사자소학, 계촌법, 24절기 및 세시풍속 등을 익힘으로써 조상의 슬기와 지혜를 체험하는 시간을 가지며 자아 정체성을 확립해 나간다.

인성교육은 가정교육에서 출발한다. 대가족을 이루던 농경사회에서는 굳이 다른 곳에서 교육을 받을 필요가 없었다. 가정에 할머니, 할아버지, 백부, 숙부 가족들 모두가 교육의 시혜자였고 마을 어르신 한 분 한 분이 모두 교육자이셨기 때문이다. 그래서 예절이나 인성에 대한 전문교육 기관의 목마름이 없었다. 그런데 지금은 가정에서 모든 것을 책임지지 않는다. 인성 교육법이 생기고부터는 사회와 나라에서 인성교육을 책임지고 있는 추세이다.

대전 YMCA 교육위원으로 회의에 참석했다가 태권도 관장이신 분께 요즘 태권도 학원에서의 인성 교육에 대해 들었다. 뛰어 놀면서 자유롭게 펼쳐지는 인성교육이 태권도 학원에서 이루어지고 있었다. 그곳에서는 인성에 관한 커리큘럼을 짜놓고 매일 좋은 이야기를 들려주며 행동으로 실천하는 아이들에게 스티커를 주며 상을 주는 등 동기를 유발하기도 한다고 하였다.

특히 하루 한 번 함께 운동한 친구들에게 칭찬하기는 그 학원의 자랑거리라며 뿌듯한 모습을 보였다. 태권도, 검도 학원 등에서 예절 교육, 인성 지도가 먼저 이루어지는 이유를 알았다.

종교 단체에서의 인성교육도 대단히 효과적이다.

절이나 교회, 성당에서 스님의 좋은 말씀, 목사님, 신부님 설교나 수업에 활용되는 활동 등이 모두 인성과 관계가 있다. 아이들이 꾸준하게 종교 활동을 하는 것은 좋은 사회성 그리고 봉사성을 높이는 결과이기도 하겠지만 그 이면에 인성이 자리하고 있다는 것을 알아야한다.

청소년 교육 기관에서도 인성 교육에 중점을 두는 곳이 늘어나고 있다. 공부보다는 인성이 먼저다, 인성이 된 아이가 공부도 잘한다는 것을 교육기관에서도 인지하고 있기 때문인데, 이처럼 좋은 변화는 계속 이어져야 한다.

가정에서의 인성 교육이 이루어지기 힘들다면 전문기관의 교육을 받는 것이 효율적이다. 아이들만 인성 교육을 받는 것이 아닌 부모들도 인성 교육 기관의 필요성을 이해하고 받아들여야 한다.

우리의 감정을 긍정적으로 평가하고
인정하는 것으로부터 자존감은 시작된다.

행복한 어른으로 키우는 인성 실천서

인성으로 성공하라

4장

스스로 인성 만들기

01

인사는 인간관계의 시작과 끝이다

주상 복합아파트에서 일을 마치고 엘리베이터를 타고 내려가고 있었다. 엘리베이터 광고란에 '안녕하세요?' 라는 문구와 함께 미소 지으며 인사하는 예쁜 사진이 보였다. 엘리베이터가 7층에 멈추었을 때 안면도 없는 20대 초반 여자가 나에게 "안녕하세요?" 인사를 한다. 초면에 나에게 인사를 했으니 잠시 당황했지만, 나 역시 웃으며 "네, 안녕하세요?" 답례 하며 조용히 물었다. "혹시, 저에게 수업 받은 적 있으세요?" 여자는 답했다. "아니요, 같은 엘리베이터를 탔으니 인사한 것 뿐인데요." 순간 당황하며 나도 모르게 두 가지 생각이 스쳤다. '참 잘 배웠다.' 그리고 '품격 있는 아파트다.' 엘리베이터가 내려가는 짧은 시간이었지만 아파트와 여자의 이미지가 좋았던 기억이다.

데일 카네기는 '우리가 태어난 유일한 이유는 행복해지는 것에서 시작된다.'라고 말했다. 행복요소에서 빠지지 않는 것이 '관계'이다. 사람과 사람 사이에서 둘 또는 여러 대상이 서로 연결되어 얽혀 있을 때 돌이켜보고 살펴보는 일은 무엇보다 필요하다. 살펴보는 일이 행복의 시작이기 때문이다. 어릴 때 좋은 인성 교육 환경으로 만들어주는 부모의 역할은 크다. 자녀를 행복한 삶으로 이끄는 가장 중요한 사람은 부모이기 때문이다.

세상은 자기하기 나름이다. 자신의 행동 여부에 따라 같은 길이라도 꽃길도 되고 흙길도 된다. 특히 인간관계를 잘 맺는 일은 한 사람의 미래가 어떤 길로 펼쳐질지 알 수 있는 바로미터다. 자녀가 꽃길로 행복하게 걸어갈 것인가 흙길로 힘들게 걸어갈 것인가는 부모교육에 달렸다. 관계 속에서 꽃길로 연결하는 가장 중요한 건 '인사'다. 인사의 중요성은 아무리 강조해도 지나치지 않는다. 인사는 모든 예절의 기본이기 때문이다.

과거에는 인사를 하기 위해 어른이 계신 곳으로 뛰어가기도 했다. 혹시 목소리가 안 들릴까봐 큰 소리로 인사를 했다. 나 역시 뛰어가며 인사했다. 수줍음을 많이 타서 가까이 인사하기, 큰 소리로 인사하기, 웃으며 인사하기가 쉽지 않았다. 어른들은 인사 잘 하는 아이를 예뻐했고 예절이 바르다고 칭찬했다.

나는 친구들과 경쟁하듯이 인사를 했다. 인사를 안 할 경우 어른들은 버릇이 없다고 말했고 그렇지 않을 경우 가정교육을 잘 받았다고 칭찬해 주었다.

'아무개 자식은 인사도 잘해.'라는 말을 듣기 위해 최선을 다했다. 훗날 인사 습관이 어른이 되어 그렇게 강한 영향력을 미칠 줄은 몰랐다. 그것이 바탕이 되어 내가 지금 인성교육을 하고 예절교육을 하고 있으니 신기할 정도다.

아침에 일어나면서 가족을 바라보고 '안녕하세요?' 라고 인사해 보라. 최대한 밝고 예의 바른 목소리로 정중하게 인사를 해야 한다. '안녕'이란 아무 탈 없이 편안함을 뜻한다. 가장 가까운 가족의 '안녕'보다 더 소중한 것은 없다.

아침 인사를 하다보면 하루를 기분 좋게 시작한다. 더불어 가족 관계가 더욱 좋아진다. '잘 먹었습니다.' '안녕히 다녀오세요.' '다녀왔습니다.' 등 인사를 깍듯하게 해보라. 상사에게 하듯, 처음 만나는 사람에게 하듯 진정성을 가지고 해야 한다. 처음엔 농담처럼 시작해도 좋다. 점차 화선지의 먹물처럼 아름답게 번져 세상에 좋은 영향력을 끼칠 것이다.

누구든 시작하자. 단 아이가 먼저 시작하기를 바라는 건 어렵다. 부모가 먼저 해야 아이가 따라 온다. '인사 잘해라' 말로만 가르치는 것은 무용지물이다. 무엇보다도 인사는 실천에 있다.

부모에게 상황에 맞는 인사법을 보고 듣고 배운 아이들은 자연스럽게 인사를 잘한다. 아이가 부끄러움을 많이 타서 또는 낯선 사람이라서 인사하기를 꺼린다면 성인이 되었을 때 사람과의 관계 형성이 잘 되지 않을 수 있다.

부모가 먼저 보여줘야 한다. 나이별, 상황별로 인사를 나누고 그 후 이어지는 스몰토크도 아이에게 보여준다면 당연히 따라 배운다. 이론을 주입하는 단순한 주입식 교육보다는 행동으로 보여주는 실천 교육이 바른 인성 환경을 만들 수 있는 기본이다.

업무적 네트워크는 현재의 성과에 도움을 주지만 관계적 네트워크는 미래를 결정한다. 여기에서도 알 수 있듯이 아이가 성인이 되어 직장을 다닐 때 업무와 관계의 우선순위를 생각할 때 관계를 앞에 두어야 한다. 관계에서 중요한 것은 인정받는 것이다. 인사를 잘하는 것 하나만 인정받아도 아이는 자존감 있는 사람으로 성장한다. 결국 인간관계의 첫 번째 요소는 '인사가 답'이라고도 할 수 있다. 인성의 시작과 끝도 역시 인사다.

일본인들의 자녀 교육은 다른 어느 나라보다도 철저하다. 매사에 빈틈없고 철저하게 처리하는 생활 태도는 올바른 생활 문화를 형성해나가는 밑바탕이 되고 있다. 우리가 보기에 지나치리만큼 애교가 넘치는 인사예절은 오늘의 일본을 키운 원동력이 되었다고 할 수 있다.

우리나라에도 '고 · 미 · 안' 운동이 있었다. 고맙습니다, 미안합니다, 안녕하세요? 에 대한 머리글자로 공손함과 존경심이 묻어나는 인사법이다. 이처럼 배우고 익혀서 습득하게 하는 훈련이 필요하다. 인사문화 정착, 인사 예절 교육 실천으로 신뢰감을 형성할 수 있다.

자녀는 물론 부모도 인사의 기본원칙을 알아야 신뢰와 공동체 의식을 늘릴 수 있다.

첫째, 먼저 눈을 맞추고 미소 지으며 경쾌한 목소리로 한다.

둘째, 내가 먼저 인사한다.

셋째, 마주칠 때마다 인사한다.

넷째, 상대방이 답례를 주지 않아도 한다.

다섯째, 제대로 된 정식 인사를 한다.

여섯째, 보는 즉시 한다.

내가 먼저 친절하게 인사로 소통하는 생활을 통해 남을 배려하고 함께 살아가는 공동체 의식을 함양할 수 있을 것이다. 자녀는 물론 부모도 인사의 기본원칙을 알아야 신뢰와 공동체 의식을 키울 수 있다. '깨진 유리창의 법칙'처럼 기본 원칙에 어긋나면 훗날 복구하기는 힘들다.

인사는 '사람들 사이에 지켜야 할 예의로 간주되는 것, 또는 그러한 예의를 지키기 위한 행동'이라는 뜻이다. 정말 기본이다. 우리나라 속담에 '세 살 버릇 여든 간다.'는 말이 있다, 어릴 적 생긴 나쁜 버릇은 고치기 힘들어서 나중에 늙어서도 계속하게 된다는 것이다.

조기 교육의 중요성이 강조되고 있는 때에 가장 특별히 신경 써야 할 부분은 인성교육이다. 언어교육보다 논리수학 교육이나 예체능 교육보다 가장 우선되어야 할 것은 인성이다. 그 중에 가장 기본이 되는 것이 인사 예절 교육이라고 하겠다. 어른들의 작은 행동 하나 하나는 아이들에게 표본으로 작용하기 때문에 이런 행동은 마땅히 바로잡아야 한다.

부모들은 너나 할 것 없이 자식들에게는 '선생님'이다. 스펀지처럼 흡수하기 때문에 교육 효과가 빠르게 진행되어 행동으로 이어진다. 이론을 주입하는 단순한 주입식 교육보다는 행동으로 보여주는 실천 교육이 바른 인성 환경을 만들 수 있는 초석이다.

* 깨진 유리창의 법칙 : 미국의 범죄학자인 제임스 윌슨과 조지 켈링이 1982년 3월에 공동 발표한 깨진 유리창(영어 : Fixing Broken Windows: Restoring Order and Reducing Crime in Our Communities)이라는 글에 처음으로 소개된 사회 무질서에 관한 이론이다. 깨진 유리창 하나를 방치해 두면 그 지점을 중심으로 범죄가 확산되기 시작한다는 이론으로, 사소한 무질서를 방치하면 큰 문제로 이어질 가능성이 높다는 의미를 담고 있다.

02

아이들에게 책은 망치이며 도끼다

그리스와 페르시아, 인도에 이르는 대제국을 건설해 헬레니즘 문화를 이룩한 알렉산더 왕, 그의 어머니 올림피아스는 현명한 여자였다. 어린 아들에게 신의 피가 흐르고 있는 점을 이야기하며 영웅 기상을 심어주었다. 그리고 그리스 신화 이야기를 들려주며 상상의 나래를 마음껏 펼치게 했다. 어머니의 교육 덕분에 알렉산더는 4살 때 자신이 왕이 되어 무엇을 할지 생각할 수 있었다고 한다. 또 가정교사로 철학자 아리스토텔레스를 두고 상상을 현실화시키는 방법들을 배우며 성장한다.

시간이 흘러 왕위를 이어받은 알렉산더에게 전리품으로 보석장식이 가득한 상자가 생겼다. 참모들을 모아놓고 이 상자 안에 무엇을 넣을지 이야기를 나누는데 참모들은 금이나 진귀한 보석을 넣자고 말했다. 알렉산더는 고개를 저으며 상자 안에 시인 호메르스가 쓴《일리아스》를 넣을 것을 지시한다.

알렉산더는 금이나, 보석보다 책《일리아스》가 더 소중했던 것이다. 어느 것보다《일리아스》가 소중했던 이유는 그 안에 알렉산더의 마음 속 영웅 그리고 어릴 때 어머니께 듣고 흠모했던 아킬레스 이야기가 있었기 때문이다.

알렉산더는 원정을 나가 틈나면 책을 읽었다고 한다. 그중에 아킬레스 이야기를 담은《일리아스》는 너무나 소중한 책이었다.

어릴 적부터 왕으로서 자신을 세웠던 알렉산더처럼 시대가 변해도 자신을 세우는 일은 어른으로 성장하는데 꼭 필요한 능력이다. 그러나 체계적인 교육이 없다면 어릴 적부터 자신을 세우는 일은 참으로 힘든 일이다.

힘들지만 바른 어른으로 세우는데 꼭 필요한 것이 독서습관이라 말하고 싶다. 단순한 독서습관이 아닌 알렉산더 왕처럼 누군가를 흠모하며 배우는 독서습관이 필요하다.

지식과 정보유통이 인터넷과 스마트폰으로 빨라지고 있지만, 시대가 변해도 지식과 정보유통의 원천은 책이다. 그리고 인성교육 시작 역시 책에 있다. 이런 독서와 인성관계를 나무 나이테로 표현한 글이 있다.

'책속에는 지식의 나이테가 있습니다. 매일매일 밀려오는 지식의 홍수 속에서 모든 지식을 직접 습득하기는 어렵습니다. 시간을 간

직한 나무의 나이테처럼 시간의 지식을 담고 있는 책을 읽음으로써 내 자신의 나이테를 만들 수 있습니다.'

책을 잘 읽는다는 것은 자신의 나이테 속에 지식과 지혜가 둥글둥글 아름답게 만들어진다는 뜻이다. 특히 위인전 속에서 많은 선인들과 만나다보면 더욱 특별한 나이테가 만들어진다. 마치 알렉산더 왕이 아킬레스 나이테가 생기듯 말이다.

21세기를 이끌어 나가는 최고의 리더를 꼽는다면 당연히 전 반기문 총장이다. 반기문 유엔 사무총장은 늘 겸손한 성품 덕분에 그의 주변에는 그를 도와주려는 사람들이 많았다. 진실한 소통과 배려는 2011년 만장일치로 유엔 사무총장에 재신임될 수밖에 없었다. 좋은 품성은 헌신하는 리더를 만들고 세계 대통령을 만들 수 있는 배경이 되었다.

유엔 조직은 세계문화를 이해하고 소통하며 이끌어 가는 인성이 필요한 자리다. 어머님의 말씀을 잘 듣는 효자, 그리고 풍부한 독서는 지금의 세계 대통령을 만들었던 것이다.

반기문 유엔 사무총장에 관한 책이 나와서 많은 사람들에게 읽혀지고 있다. 학생들뿐만 아니라 성인들도 반기문의 좋은 성품을 배워야 할 것이다. 겸손함과 도덕성에 바탕을 둔 리더로 조직원들의 마음을 헤아리는 디테일의 힘은 그의 리더십을 빛나게 한다.

우리나라는 예로부터 '동방예의지국'이었다. 공자의 7대손 공빈은 '동이열전'에서 예의 바른 그 나라에 가서 살고 싶다는 할아버지의 말씀을 전했다.

국민들의 마음속에는 우리나라 사람들이 갖고 있는 유전자가 예의 바른 나라라는 것에 부정하지 않는다. 또 시대의 흐름에 따라 변화를 해왔기에 '동방예의지국은 사라진 지 오래다.' 라고 강조하는 말에도 부정을 할 수 없다. 이것으로 보아 우리는 지금 '동방예의지국'에 대한 정체성을 잃어가고 있다.

위인전을 읽어야 할 시기는 초등학교 3,4학년 때부터이다. 책을 읽으면서 옛 성인들을 만난다. 후세에 이름을 떨친 사람들과 무언의 소통을 하게 되는 것이다.

위인전을 읽으면서 업적을 배우는 것은 재미없는 공부다. 재미있는 책읽기로 가기 위해서는 느껴지는 만큼 가슴으로 받아들이면 된다. 되도록이면 많은 위인들과 만나라고 말하고 싶다.

옛 성현 그리고 현재의 인물 또 외국의 위인, 인물들을 만나면서 어떤 인품을 갖고 살았는지 생각하며 읽는다면 인성 교육의 효과는 배가 될 것이다. 우물 안 개구리가 아닌 더 넓은 세상에서 더 많은 사람들의 삶을 보게 된다.

다양한 간접경험을 해보는 시간은 누가 뭐래도 독서의 시간이다. 거기다 자신의 정체성과 나라의 정체성도 만들 수 있는 힘이다.

어린이들은 누구나 훌륭한 사람이 되겠다는 꿈을 갖고 있다. 이런 아이들에게 위인들의 이야기는 좋은 본보기가 된다. 여러 가지 어려움을 이겨내고 꾸준히 노력하는 가운데 마침내 훌륭한 일을 해낸다. 어린이들은 이러한 위인들의 삶을 보고 여러 가지 교훈을 얻는다. 자녀들이 마치 부모들의 언행을 따라 배우듯 어린이들은 선각자와 위인들의 삶을 본받으며 그들과 같이 되는 것을 목표로 삼기도 한다.

그렇게 되기 위해서는 선현들과 친해져야 한다. 자신의 삶을 주체적으로 살았던 사람들의 성공과 실패, 굳센 의지와 성실한 자세로 묵묵히 이 땅의 역사를 읽어낸 위인들의 삶을 알아보는 것도 위인들과 가까워지는 길이다.

예의범절을 중요시해 예절서까지 쓰신 세종대왕, 전쟁 중에도 어머니를 생각하며 일기를 쓰신 이순신 장군, 핍박 받고 고통당하는 민중들을 위해서 일어났던 녹두 장군 전봉준과 같은 혁명가들, 김구 선생과 같은 독립 운동가들 등 시대와 계급을 뛰어넘어 많은 위대한 사람들을 이해하게 될 것이다.

하늘을 향해 높고 곧게 자란 나무 숲속을 거닐면 자신도 모르는 사이에 마음의 키는 자란다. 마찬가지로 위인들의 삶을 들여다보면서 어느덧 바르게 성장한 자신을 찾을 수 있다.

투자의 귀재로 불린 워렌버핏이 성공할 수 있었던 것은 지독한 독서 습관 덕분이다. 다른 사람들보다 다섯 배나 많은 책을 읽었다. 그의 부인은 워렌버핏의 독서습관을 아주 짧은 말로 설명했다.

"100W 전구와 책만 있으면 가장 행복한 남자"

버핏은 16살 때 이미 사업 관련 서적을 수백 권이나 독파한 지독한 독서광이다. 철강왕 카네기 역시 정규교육을 받은 것은 13살까지였다. 그러나 독서광이던 카네기에게 독서는 지식과 지혜의 원천이었다.

성공하는 사람들이 실천한 가장 좋은 방법은 매일 습관처럼 했던 독서, 특히 선현들과의 만남은 중 · 고등 학생이 되어도 계속되어야 한다. 책의 주인공인 저자와 직접 만날 수 있는 계기를 만들어 준다면 더 좋을 것이다. 그리고 살아있는 훌륭한 사람들에 관한 책도 많이 읽히고 그런 사례들을 많이 이야기해 주어야 한다. 정신적인 여유와 도덕 윤리를 회복하고 건전한 품성을 키우는데 독서의 역할은 크다. 세상을 변화시키는 인성교육은 독서로 바른 어른들을 만나는데 있다.

시대가 변해도 사람들은 품격 있는 사람을 보면 호감을 느낀다. 또 시대가 변해도 교육의 기본은 성현들의 책을 읽는 것이다. 독서로 바른 인성을 가진 어른들을 만나게 하고 그들과 교감과 소통하게 하라. 그리하여 꿈을 심어주라.

03

인생이란 여행길에서 자존감은 하나의 내비게이션

인터넷에 배달대행 일을 하는 사람의 글이 올라왔다. 자기를 소개하며 배달 구역이 넓어 소위 말하는 부자동네와 가난한 동네 아이들을 볼 수 있다고 한다. 같은 피자를 배달해도 두 동네 아이들은 행동이 확연히 다르다고 한다.

부자동네 아이들은 인사와 함께 감사하다는 말을 잊지 않는다. 심지어 추운데 마시라며 따뜻한 음료도 준다. 반대로 가난한 동네 아이들은 인사는 물론 눈 한번 안 맞춘다고 한다. 말이라도 걸면 피하기 바쁘다고 한다. 마지막에는 자존감에 대해 안타까움을 보냈다. 지금 부자와 가난함을 말하는 것은 아니다.

자존감이 높은 사람은 나이를 떠나 '충분히 사랑받을 가치가 있는 사람이다.'라고 믿는다. 우리가 우리 자신을, 우리의 특성과 능력을, 우리의 감정을 긍정적으로 평가하고 인정하는 것으로부터 자존감은 시작된다. 자신을 존중하는 마음을 잃어버릴 때 삶은 가장 큰 위험에 빠진다.

자신에게 해가 되는 행동을 자처하는 사람들이 많다. 감정 조절을 못하거나 반복적으로 부정적인 생각을 하면서 스스로를 수렁으로 빠트리는 것이다. 보다 행복하고 즐거운 삶을 위해 앞장서 할 일들에는 무엇이 있을까.

상대방이 가볍게 던진 말을 지나치게 심각하게 받아들이지 말라. 모든 일을 감정적으로 받아들이는 사람이 있다. 그것은 본인뿐만 아니라 상대방도 피곤하게 만든다. 조언이나 권유의 수준에서, 모욕으로 받아들이지 말고 있는 그대로 받아들여야 한다. 항상 자신이 옳다고 생각하거나 남의 피드백을 무시하라는 의미는 아니다. 상대의 말을 지나치게 의식해 상처를 받거나 실망할 필요는 없다는 뜻이다. 다른 사람의 평가와 반응에 휘둘리게 되면 건전한 정신을 유지하기 어렵다.

항상 비관적이고 부정적인 말을 달고 사는 부모가 있다면 반성해야 한다. 아이들이 보고 그대로 따라한다. 겪고 있는 힘든 상황을 사람들에게 풀어놓으면 기분이 나아질 수 있다. 그리고 SNS를 통해 글로 표현할 수도 있다. 그러나 삶의 긍정적인 부분을 무시하는 부정적인 생각은 결국 왜곡된 삶을 살아가게 될 것이다. 자녀에게 미치는 영향력, 자존감을 떨어뜨리는 결과가 된다.

자존감은 학습되며 키워질 수 있다는 이야기가 있다. 아프리카의 어느 시골 마을에 남자가 여자의 집으로 암소를 끌고 가서 청혼하는 풍속이 있었다. 특등 신붓감에게는 암소 세 마리, 괜찮은 신붓감에게는 암소 두 마리, 그리고 보통의 신붓감이라면 암소 한 마리로도 승낙을 얻을 수 있었다.

이 마을에서 최고의 신랑감인 잘 생기고 건강한 의사가 있었는데 어느 날 아홉 마리의 소를 이끌고 가서 청혼을 하였다. 생활도 어렵고, 교양도 없고, 심약하여 누구도 신붓감으로 생각하지 않은 초라한 여인이었다.

동네 사람들은 술렁거리기 시작했고, 심지어 그 처녀가 마법으로 청년을 홀린 것이라는 소문까지 돌았다. 그는 어릴 적 그 여인을 사랑했고 결혼까지 꿈꿔왔다.

마을에서는 몇 마리의 암소를 받았느냐가 여자들의 세계에선 중요한 문제라는 것을 알고 있었다. 그렇기 때문에 사랑한 여인이 스스로 자신의 가치를 한 마리의 암소 값에 한정하고 평생을 사는 것을 원치 않았다. 그리고 부인을 두 마리나 세 마리를 받았던 처녀들과 비교하면서 움츠려져 살게 하고 싶지 않았다.

청혼 때 몇 마리의 암소를 받았느냐가 평생 동안 자기 가치를 결정할 수 있기 때문에 그는 세 마리를 훨씬 뛰어넘는 아홉 마리를 생각해 낸 것이다. 결혼하고 나서 아내에게 공부를 하라거나 외모를 꾸미라고 요구한 적이 없었다. 있는 그대로의 아내를 사랑했고, 진심을 다해 사랑한다고 이야기해 주었을 뿐이다.

처음에는 무척 놀라하던 여인이 차츰 진실을 받아들이기 시작했다. 혹시 '나에게 암소 아홉 마리의 가치가 있는 것은 아닐까?' 라고 생각한 것이다. 그리고 그 후 여인은 '암소 아홉 마리'에 걸맞은 사람으로 변하기 시작했다.

그러는 사이에 여인은 내면은 물론 외모까지 더욱 건강해지고 품위 있고 아름다워져 갔다.

남자는 전이나 지금이나 여자를 똑같이 사랑한다. 그러나 여자는 결혼할 당시의 모습보다 지금 자신의 모습을 더 사랑할 수밖에 없었다. 처음에 수군대던 동네 아낙들도 여인의 밝은 미소를 사랑해주었다.

누군가 소중한 사람이 있다면 그 사람에게 최고의 가치를 부여해야 한다. 그리고 누군가로부터 인정을 받으려면 자신에게 최고의 가치를 부여해야 한다. 어떤 상황이든 자녀에게는 최고의 가치를 부여해야 한다. 학교, 사회가 아이를 어떻게 생각하든 부모는 아이의 자존감을 지켜줘야 한다. 여기서 단순히 자존감만 살려주면 안 된다. 자존감 중에는 공공질서, 봉사 같은 면도 있다는 걸 알려주어라.

내가 학생들에게 '내 자신을 믿음으로 길들이기' 자존감 수업을 할 때 빼놓지 않고 꼭 하는 이야기다. 더불어 몇 가지 문장을 외우게 한다.

'나는 나를 사랑하는 사람이다.' '나는 이 세상에 꼭 필요한 사람이다.' '내가 상상하고 생각한 것은 꼭 이룬다.' 등 아이들의 자존감을 높여주는 문장을 잠들기 전에 읽어보게 한다. 몇 번 읽으면 다 외우는 아이들은 밤마다 자신을 돌아보며 자신을 존중하는 주문 아닌 주문을 외우게 된다.

습관이 되면 아이들이라는 어린 나무는 자신을 사랑하는 마음이 곱게 스며들 것이며 탄탄한 자존감의 뿌리를 자리 잡게 될 것이다.

학생들에게 자존감을 키워주는 사람은 부모 다음으로 선생님이다. 선생님들의 꾸준한 관심과 멈추지 않는 사랑만이 학생들의 자존감을 높이는 최선의 방법이다. 그러기 위해서는 선생님들이 우선 행복함이 넘쳐야 한다.

선생님이 자존감이 높으면 아이들의 자존감도 높아진다. 그런데 요즘 선생님들의 자존감이 떨어지고 있다. 선생님들의 자존감을 높이는 것은 학부모의 역할이 커다랗게 자리하고 있다.

내가 사는 지역 교육청에서는 학생, 교원, 학부모의 행복을 위한 에듀힐링센터의 '마음 단단 프로젝트'가 진행 중이다. '마음 단단 프로젝트'는 교육공동체 구성원 한 사람, 한 사람의 행복한 삶을 지향하는 대전광역시교육청의 인성 · 감성교육의 한 프로젝트이다.

마음이 단단한 사람이라면 작은 일이나 큰일에 쉽게 동요되지 않고, 자신이 계획한 대로 행복한 삶, 성공적인 삶을 살아갈 것이다. 학생 · 교원 · 학부모가 자신의 역할을 충실히 할 수 있는 기저는 감정을 다스리는 마음에 있다.

에듀힐링은 교육공동체의 정서적 치유를 의미한다. 에듀힐링센터는 학생 · 교원 · 학부모의 심리상담 · 정서치유를 담당하는 Wee

센터, Tee센터, Pee센터의 총합을 의미한다.

Tee(Teacher education emotion) 센터를 만든 이유는 '선생님이 행복하면 학생이 행복하다.' '선생님이 아프면 학교가 아프다.' 이다. 그래서 Tee센터는 전 방위적 교원 정신건강 지원 센터이다.

자라나는 꿈나무들에게 키워줄 자존감은 부모님들의 관심과 함께 교사들의 꾸준한 관심도 아주 중요하다. 그래서 교육공동체가 학생 · 교원 · 학부모가 각자 있어야 할 곳에서 본분을 다할 수 있도록 하기 위해 '마음 단단 프로젝트' 운영이 잘 되어야 할 것이다.

정신분석학자 캐런 호니는 낮은 자존감은 과도하게 인정받기를 원하고 애정을 갈망하며, 개인적 성취에 대한 극단적인 열망을 표현하는 성격의 발달로 이어진다고 했다. 자녀의 자존감을 높이고 싶다면 많이 안아주고 사랑한다는 말을 많이 하라. 그리고 인정해주고 기다려줘라.

어린 시절, 가족 관계가 자존감 발달에 있어서 결정적 역할을 하는 것으로 알려져 있다. 부모들은 자녀가 도달할 수 없을 만큼의 높은 기준을 설정하기보다는 현실적으로 성취할 수 있는 목표를 설정하도록 도움으로써 자존감을 길러줄 수 있다. 그러면 자녀는 삶을 스스로 조율할 수 있는 힘이 있다는 사실을 깨닫게 될 것이다. 그리고 내면의 힘이 단단해질 것이다.

04

감사하라, 감사하라 그리고 또 감사하라

단 5분만 공기가 없다고 생각해보자. 대부분 목숨을 잃을 수밖에 없다. 이 감사함을 안다면 자동차 공회전을 한다든가, 나무를 함부로 베지 못할 것이다. 사람을 상대할 때도 마찬가지다. 감사함을 알고 있다면 사람을 함부로 대할 수 없다.

가난하기로 소문난 농부가 어느 날 랍비를 찾아와 눈물을 흘리며 호소했다. "저희 집은 성냥갑 만한데다가 새끼들은 주렁주렁 달렸고 마누라는 이 세상 둘도 없는 포악한 사람입니다. 가엾은 저는 어쩌면 좋습니까?" 라며 사람답게 살고 싶다는 소원을 얘기했다. 랍비는 그에게 "염소를 집 안에서 키워보세요."라고 조언한다. 이해할 수 없는 랍비의 말을 따라 며칠을 살아보았지만 도저히 살 수가 없었다. 다시 랍비를 찾아가자 이번엔 닭을 같이 키워보라고 조언한다. 며칠 지나지 않아 다시 랍비를 찾아가 고통스러움에 화를 냈다. 흥분한 농부에게 랍비는 미소를 지으며 이야기한다. "그러면 염소와 닭을 내쫓고 살아보세요." 그 말을 듣고 농부는 염소와 닭을 쫓아내고 청소를 했다. 그리고 방에 눕자 자기도 모르게 이런 말이 튀어나왔다. "이제야 사람 사는 것 같군!" 얼굴에는 기쁨이 넘쳤고, 마치 황금덩어리라도 얻은 듯 밝아보였다. 농부는 랍비를 찾아갔다. 그리고 감사의 인사를 했다.

바뀐 것은 없다. 이 이야기에는 마음에 따라 똑같은 상황이 정반대로 이해될 수 있음을 가르쳐 준다. 탈무드에 나오는 이 이야기는 감사한 마음을 알기까지 힘들었던 과정을 말한 것이다. 염소도 닭도 집안에 없었을 때 가족의 감사함을 알았어야 했다. 불편한 여러 과정을 거쳐 나중에 알게 된 것이다. 그래도 그나마 다행이다. 그럼에도 불구하고 고마움을 몰랐다면 불행은 계속되었을 것이다. 어리석다고 말하는 사람도 있을 것이다. 지금 감사하라. 작은 일에도 감사하라. 그럼 이런 어리석은 실수를 저지르지 않을 것이다.

존 밀러는 "그 사람이 얼마나 행복한가는 감사의 깊이에 달려 있다."고 했다. 그리고 '감사는 최고의 항암제요, 해독제요, 방부제다.'라고도 했다. 행복한 사람들은 '고맙습니다.' 라는 말을 입에 달고 산다. 진심에서 우러나오는 고마움을 항상 느끼고 표현하고 산다. 진정으로 감사하는 마음으로 살아간다면 행복의 웃음꽃은 저절로 피어날 것이다.

아리스토텔레스는 '감사하는 마음은 금방 낡아 버린다.'고 했다. 낡아지기 전에 그 마음을 새롭게 다잡아야 한다. 그래서 감사의 마음은 학습이 필요하고 복습이 필요한 것이다. 감사하는 마음은 새순처럼 새잎처럼 날마다 피어나는 새로움이어야 한다.

오래 전 '효'를 공부하면서 양파실험, 마늘 실험, 흰밥 실험, 고구마 실험, 미나리 실험 등을 한 적이 있다. 칭찬과 감사의 의미를 알기 위해 이 실험을 했다.

컵이나 병에 실험 도구를 담고 좋은 말과 나쁜 말 또는 감사의 말과 감사의 말이 아닌 언어들을 쏟아 부었다. 하나같이 똑같게 나타나는 신기함의 결과를 얻었다. 다 아는 바와 같이 좋은 말을 듣고 자란 실험용 재료는 잘 자라고 곰팡이도 푸른 곰팡이였으며 냄새도 나지 않았다. 나쁜 말을 듣고 자란 실험용 재료는 그와 반대 현상이 나타났다.

인간의 행복은 관계에서 나온다. 관계에서 감사하는 마음과 표현은 필수과정이다. 감사의 표현은 유대감과 친밀감을 유발해 좋은 관계 형성을 돕는다.

이에 대한 사례로 '로버트 에먼스 감사 습관화 실험'과 '식당에서 감사에 대한 실험' '고구마 실험' 등을 들었다. '로버트 에먼스 감사 습관화 실험'은 로버트 에먼스 캘리포니아 데이비스대학 교수가 16년간 추적한 연구로, 감사를 습관화한 학생과 그렇지 않은 학생의 연봉 차이가 2만 5000달러에 달했다는 내용이다. 또한 감사를 습관화한 사람은 그렇지 않은 사람보다 평균 수명이 9년이나 길었다.

'식당에서 감사에 대한 실험'은 계산서에 'Thank you(고맙습니다)'라는 문구를 적은 점원이 그냥 계산서만 전달한 점원에 비해 평균 11%나 팁을 더 받은 것으로 드러났다는 조사다.

개발 중인 특별 저녁메뉴를 계산서에 메모한 점원도 역시 더 많은 팁을 받았다. 이런 식으로 감사의 표시를 한 점원은 그렇지 않은 점원보다 평균 17~20%가량 많은 팁을 많았다.

고구마에 감사의 말을 하는 실험을 통해 표현의 가치를 체험한다. 두 개의 고구마 중 하나에 지속해서 감사의 말을 전하고, 다른 하나에는 욕설과 짜증 섞인 언어를 내뱉었다. 한 달이 채 되기도 전에 놀라운 결과가 나타났다.

감사의 말을 들은 고구마는 싱싱한 줄기를 뻗으며 뛰어난 발육상태를 보였지만, 욕설을 들은 고구마는 제대로 자라지도 못한 채 물러져 버린 것이다. 귀도 없고 말도 못하는 식물도 이런데, 감정이 있고 생각을 하는 사람이라면 이런 감사의 표현이 어떤 변화를 가져올지 놀랍다. 감사 나눔이 가져오는 긍정 에너지가 창의 · 인성 교육과 직결됨을 알 수 있는 실험이다.

우리 집 거실 소파 뒤쪽 벽지에 '지금 내 곁에 있는 당신이 가장 소중합니다.'라는 글이 쓰여 있다. 톨스토이의 세 가지 질문을 압축해 놓은 글이다.

벽의 액자에 담겨있는 글이 아니라 벽지의 한 면에 자체 제작되어진 글이다. 때로는 짧은 글이 감동시킨다. 그 글씨를 볼 때마다 입가에 미소가 지어진다. 소중하다는 의미는 감사하다는 의미를 내포하고 있다.

톨스토이는 '이 세상에서 가장 중요한 시간은 현재이고, 가장 중요한 사람은 내가 지금 대하고 있는 사람이며, 가장 중요한 일은 지금 내 곁에 있는 사람에게 선을 행하는 일이다.'라고 했다. 날마다 그때그때 만나는 일, 만나는 사람에게 최선을 다하여 고마움을 느끼고 표현한다면 행복한 삶을 살아갈 수 있을 것이다.

아이가 감사함을 알기 위해서는 부모가 먼저 감사함을 표현하자. 금전적 보상을 받지만 우리를 위해 서비스하는 사람들이 있다. 문 앞에 나가면 경비아저씨, 편의점 점원, 버스 기사 등 정말 많다. 말로 감사를 표현하면 좋다. 상황이 어렵다면 아이에게 이야기해주자. 이분들이 있기에 사회가 돌아가고 편의를 느낄 수 있다는 것을 말이다.

감사함을 아는 아이는 배려를 할 줄 안다. 부모가 먼저 감사를 표현하고 감사한 마음으로 세상을 바라보자.

05

좋은 친구는 안목의 인증샷이다

모 방송에서 사람심리에 관해 재미있는 실험을 했다. 방 안에 4명이 들어가 시험문제를 풀고 있는데 3명은 연기자로 사전에 약속이 된 사람들이고 실험자 1명은 상황을 모른다. 방 안에서 열심히 문제를 풀고 있는데 화재가 발생한 것처럼 문틈 사이로 연기가 들어왔다. 실험자는 당황했지만 연기자 3명은 태연했다.

실험자가 옆에 있는 연기자에게 "불난 것 아니에요?" 묻자 연기자는 대꾸도 안하고 태연히 시험문제를 풀자, 잠시 후 실험자는 다시 문제를 풀기 시작했다. 방안에 연기로 가득해 누가 봐도 화재상황인데도 실험자는 끝까지 문제를 푼 것이다. 화재가 났다고 생각할 수 있는 상황인데도 문제를 푼 것은 방안에 3명이 태연히 문제를 풀었기 때문이다.

이런 현상을 우리는 동조 현상이라 말한다. 횡단보도를 건널 때

빨간불인데도 누군가 첫발을 내리면 따라 걷기 시작한다. 자신과 전혀 맞지 않는 옷 스타일이지만 유행하기에 따라 입는다. 사람은 확실하지 않은 상황이 닥칠 때 대다수 사람들의 행동 양식이 자신의 판단 기준이 된다. 그래서 동일한 행동을 따라함으로써 생존을 위한 동조현상의 심리 상태가 된다. 특히 아직 자아가 정립이 안 된 학생들은 의견이 불일치하는 집단에서 다수가 아니라고 하는데 자신만 옳다고 주장했을 때 압력을 견딜 수 있는 힘이 부족하다.

개그우먼 박지선 씨. 고등학교 때 자신의 꿈과 성격보다 성적에 맞춰 서울에 있는 교육대학교에 입학한다. 대학교는 고등학교와 달리 수강신청을 직접 해야 했기에 친한 친구를 만들어 친구가 짜준 시간표대로 4년 동안 수업을 들었다. 그리고 친구가 임용고시를 준비하자 똑같은 학원에서 같이 임용고시를 준비한다.

눈이 아름답게 내리는 어느 겨울날 노량진에 있는 임용고시 학원에 100여 명 누구하나 밖에 내리는 눈을 감상할 여유도 없었다. 박지선 씨는 그 모습을 보고 자기 삶을 반성했다고 한다. 그리고 더 이상 친구가 정해준 삶을 거부하고 개그우먼 시험을 준비했다.

우리 대부분의 삶도 비슷하다. 자기 삶을 찾겠다고 자각하는 일은 쉽지 않다. 또 자각해도 박지선 씨처럼 행동하는 건 쉽지 않다. 대부분은 마음이 통하는 사람이 있다면 똑같이 따라 가는 게 사람들의 심리다. 그래서 친구를 보면 그 친구도 알 수 있는 것이다.

강도들이 모여사는 세상에서는 강도가 되어야한다고 한다. 한 쪽

눈 없는 나라에서는 한 쪽 눈이 없는 척 살아가야 한다. 군중의 뜻에 합류함으로써 그 속에서 인정 받고자하는 인간의 심리 상태는 돌이킬 수 없는 부정적인 결과까지도 낳게 되는데, 아이들의 친구관계에서는 더욱 그렇다.

초 · 중 · 고등학생의 인성 수준을 분석한 결과 '성실', '자기조절', '지혜' 등의 덕목이 상대적으로 낮은 점수를 보여 우리나라 학생들이 '자신을 바로 세우는 능력'이 부족한 것으로 나타났다. 학급별로 중학생의 인성 수준이 가장 떨어져 이른바 '중2병'이 실제로 존재하는 것으로 확인됐다. 학생들의 인성은 개인의 소양뿐 아니라 행복감, 부모와 관계, 학교 분위기 등의 요인이 영향을 미치는 것으로 분석됐다.

사람은 나쁜 사람도 좋은 사람도 없다. 누구는 나에게 잘해주면 좋은 사람이고 해를 끼치면 나쁜 사람이라고 한다. '친구 따라 강남 간다.'는 속담이 있다. 특히 감성이 풍부한 아이들은 지도자적인 특성이 있는 친구들에게 확 감기듯이 빨려 들어가는 경우가 있다. 학생들에게 가장 커다란 문제는 친구관계다.

친구 때문에 평생 상처가 남는 경우, 비뚤어지는 경우가 있다. 예전이나 지금이나 아이들이 크는 모습은 비슷하다. 그래서 좋은 친구를 만나게 해 주는 일은 무엇보다 중요하다.

훌륭한 목수는 나무의 결을 보고 어디를 깎고 어떻게 대패질하고 장작을 패야 할지 단번에 알아챘다. 사람도 마찬가지다. 학생의 성격을 한눈에 알아야 좋은 선생님이고, 자식의 기질을 알아볼 수 있어야 좋은 부모이며, 친구를 잘 알아볼 수 있는 사람이 좋은 친구가 될 수 있다. 좋은 목수가 나무를 통해 배우듯이 자기가 좋아하는 사람을 통해서 인생을 배운다는 뜻이다.

죽음을 담보로 한 다몬과 피시아스 이야기, 중국 춘추 시대의 관중과 포숙아의 돈독한 우정, 거문고를 잘 타던 백아가 그의 친구 종자기가 죽자 거문고 줄을 끊어 버리고 다시는 거문고를 타지 않았다는 백아절현, 에우리피데스의 우정, 한명의 신뢰할만한 친구는 수백명의 불성실한 친척보다 낫다, 진정한 우정은 곤경에 처했을 때 나타난다. 형편이 좋을 때는 별별 친구들이 다 몰려오기 때문이다. 동서고금에 좋은 친구 이야기와 그에 관한 금언은 많다. 이런 이야기를 들려주어 친구의 소중함을 알려주는 것도 좋은 방법이다.

이야기를 들려주는 것 말고도 사람을 보는 기초적인 지식을 전해주는 것도 좋다. 예를 들어 생각은 말과 글에서 나오는 법이니 정말 친해지고 싶은 친구의 언어습관을 보는 법이나 한두 번도 아닌 상습적으로 일탈하는 습관이 있는지 보는 방법을 알려주는 것이다.

사춘기에 어떤 친구를 만드는가는 인생에 많은 변화를 준다. 둘째 아들이 고등학교 때 갑자기 70만원하는 청바지를 사 달라고 하고, 들어보지도 못한 값나가는 시계를 사 달라고 했다. 아이들이 입는 바지나 시계가 그렇게 비싼 줄은 몰랐다. 끌려가듯 백화점에 갔다. '엄마는 이 돈으로 열 벌 스무 벌은 사 입겠다, 차라리 많이 사주겠다.'고 했지만 소용없는 일이었다. '네가 이렇게 허황된 아이가 아니었으면 좋겠다.' 하고 슬픈 표정을 지으며 눈물을 삼키며 사 주었다. 서로 맘이 편한 상태는 아니었다. 한 번에 다 사줄 수 없는 형편이라 시계는 다음 달에 억지춘향으로 사주었다. 다행히 한 달쯤 지나 아이가 반성을 했다.

친구가 그 브랜드를 입고 자랑하기에 멋있어서 떼를 썼다고 했고 그 후로 그런 일은 없었다. 아이들은 그렇다. 친구를 보면서 그런 행동이 멋지고 좋아 보이니까 따라 하는 것이다. 이때 부모가 다 들어 준다는 것은 말도 안 되지만 무조건 거절하는 것도 좋은 방법은 아니다. 자식을 어떻게 키워야 할지 세상에서 제일 어려운 일이다. 그래도 부모의 몫이고 부모의 가장 큰 숙제니 잘 해결해야 한다.

가까운 사이일수록 예의를 잘 지켜야 한다. 특히 학생들 관계에서 가장 중요한 친구 사이에 함부로 하다가는 '절교'라는 아픔을 겪을 수 있다. 친구와 입장을 바꾸어 생각해보고 행동하면 기분 상할 일이 없어질 것이다. 그리고 친구의 의견을 존중하게 가르쳐라. 우정은 더 커지고 싸울 일이 없어질 것이다. 숨김이 없고 믿음이 있어야 한다. 약속을 잘 지키고 바른 충고를 할 줄 알아야 한다. 함께 놀던 한 친구를 따돌리고 때리고 무시하면 안 된다는 것을 알면서 상처를 입히면 그것이 자신에게 되돌아올 수 있다는 것도 알려 주어야 한다.

학생의 본분은 누가 뭐래도 공부다. 공부를 잘 하고 못하고보다는 얼마나 성실한가에 있지만 우리나라는 보여지는 결과를 중시한다. 한 학생이 공부하기를 싫어했다. 반에서 성적은 뒤에 있었다. 어느 날 자리가 바뀌고 공부를 잘 하는 아이와 짝이 되었다. 그리고 공부하는 방법을 물어봤다. 그 아이는 자존심이 상하지 않게 친구를 배려하며 자기가 공부하는 방법을 그대로 알려주었다.

고등학교 1학년 때 하위 등급을 받던 이 학생은 2학년 후반기부터는 치고 올라와 2,3 등급을 받았고 원하는 학과에 입학할 수 있었다. 그때를 후회하며 자신의 꿈을 펼치기 위해 편입 공부를 열심히 하고 있다. 동반 입대하여 지금은 군대에 가 있는 이 둘의 우정은 계속되고 있다.

친구는 음식과 같아서 매일 꼭 필요한 친구, 약 또는 보조 식품과 같아서 가끔 필요하고, 병과 같아서 매일 피해 다녀야 하는 친구, 이렇게 세 부류가 있다. 친구를 선택하는 일은 자신의 몫이고 그것을 알려줘야 하는 것은 부모다. 이 때 자녀의 의사를 존중하는 것이 중요하다.

친구라는 말의 의미는 '오래두고 가까이 사귄 벗'이라는 뜻이다. 오랜 시간이 흐르더라도 변하지 않고 자신을 소중하게 생각해주는 사람이 바로 친구이다. 그렇기 때문에 나 스스로를 사랑하는 만큼, 나에게 필요한 것을 가지고 싶어 하는 만큼, 친구라는 존재를 사랑하고 이해하고 아껴줘야 한다는 것을 말해 주어야 한다. 가족은 하늘이 맺어준 인연이라면, 친구는 자신이 선택한 가족이라는 것을 알게 될 것이다.

친구란 초라함을 덮어주고 모자람을 채워주고 기쁜 일을 축하하고 슬픈 일에 울어주고 좋은 점을 칭찬하고 나쁜 점에 충고하는 사람이다.

"친구를 잘못 만나 우리 아이가 잘못 되었다."라는 것은 억지다. 바른 마음이면 언젠가는 바르게 제 자리로 돌아올 수 있다. '세상이 자신을 등지고 떠날 때 찾아 올 수 있는' 그런 친구를 만들어 주어라. 옳지 않은 방향으로 쫓아가다가 다시 돌아올 수 있게 안목을 길러주는 것은 부모의 역할이다.

06

토막글이라도 쓰라, 반드시 보물이 될 것이다

나이를 떠나 문제없는 인생은 없을 것이다. 영화《아홉살 인생》을 보면 아홉살도 인생에 문제가 있고, 소설《꼬마 독재자》를 보면 초등학교 6학년도 반장선거와 다양한 정치적인 문제를 해결해 나간다.

대형마트 장난감코너에서 아이가 사고 싶은 문제는 엄마의 경제적인 문제로 대립한다. 이렇듯 우리 삶은 문제의 연속인 셈이다. 문제없는 인생이란 있을 수 없으며 인생에 문제가 없다면 오히려 비정상적인 것이다.

농촌에서 고등학교까지 다닌 내가 20대 초중반을 서울, 부천에서 살았다. 학교와 직장생활을 하기 위하여 부모님을 떠나 혼자 생활을 한 것이다. 외국에서는 흔하고 당연한 일이지만 큰 딸인 나를 세상에 내보내는 일이 쉽지 않으셨을 것이다. 떠나는 날 버스정류장까지 나의 이삿짐을 머리에 이고 양 손에 들고 30분을 걸으셨던 어머니, 그 때 받았던 아버지의 편지는 아직도 잊히지 않는다.

가끔씩 날아오는 아버지의 편지는 사랑이었고 세상을 살아가는 힘이었다. 평소에는 남에게 피해주지 말라던 아버지의 말씀은 유혹에 빠지지 말고 잘 살라는 내용으로 바뀌어 있었다. 아무래도 걱정스러웠던 것이다. 나는 부모님의 사랑을 느끼며 잘 지내겠다는 다짐의 편지를 보내곤 했다.

부모님께 편지를 쓰고 받으면서 사회 초년생인 나 스스로에게 힘이 되었고 든든한 버팀목이 되었다. 지금도 아버지의 편지는 나의 보물이다.

평생을 해결하며 살아가는 문제를 능수능란하게 극복하는 사람이 있다. 이들은 문제의 본질을 알기에 능숙하게 문제를 해결한다. 문제의 본질을 모른다면 겉모양만 다르고 같은 패턴의 문제가 터져도 우왕좌왕할 뿐이다. 문제의 본질을 알기 위해선 반성을 해야 한다. 반성하는 사람은 문제의 본질을 읽어낼 줄 안다.

반성하는 삶에 최고봉은 단연 글쓰기를 하는 것이다. 쓸 줄 아는 사람은 반성할 수 있는 사람이다. 말 또는 머리로 하는 반성은 휘발성이라 날아간다. 글로 쓴다면 반성의 깊이는 깊어지고 오랫동안 각인이 된다.

얼마 전 지식 나눔을 실천하는 북포럼에서 메인 MC로 진행을 한 적이 있었다. 이택신 시인이 주인공이었다. 이택신 시인은 그 당시 우리나라 최고의 대학을 나와서 젊은 시절 교사로 재직했고, 지금은 지역사회에서 명망 높은 문학가로 활동 중이다. 포럼에는 많은 사람이 참석해 이택신 시인의 인기를 실감했다. 책은 어릴 적부터 꾸준하게 써온 일기를 정리해서 낸 것이다.

여든이 훨씬 넘은 그분의 책에는 대한민국 현대사의 굵직한 6.25 전쟁, 민주화운동 등도 있고 첫사랑 이야기, 첫 학교 부임이야기 등 소소한 이야기가 담겨있다. 책을 읽으면서 일기를 쓰며 하루하루 반성하고 성장하는 시인의 모습을 볼 수 있었다.

한 개인의 역사(史)가 모이면 한 나라의 역사가 되는 법이다. 쓰기는 개인사를 정리하는 작업이다. 그리고 쓰면서 반성하고 하루하루 성장하는 것이다. 쓰기습관이 없었다면 지금의 이택신 시인은 없었을 거라 생각된다.

지금 자신의 기록은 어디에 있는지, 어디에서 어떻게 정리되고 있는지 반성할 때다. 메모를 꾸준히 하면서 정리하는 사람은 삶을 성공으로 이끌고 있는 것이다.

다음은 아동문학가 엄기원 선생님의 동시 전문이다. 읽을수록 감칠맛이 나고 재미가 있는 글이다.

울 밑에 심심풀이로 꽃씨 몇 알 뿌려놓고/ 까맣게 잊고 있었는데/ 어느새 싹이 트고 줄기가 자라/ 봉숭아꽃 분꽃이 고맙다고 웃는다/ 그때 꽃씨 뿌리길 참 잘했지//

날마다 매우는 나의 일기/ 쓰면서 쓰면서 '에이 일기는 뭐 하러

쓴담'/ 투덜댔는데/ 먼 훗날 그 일기 읽어보니/ 온갖 기억 되살아난다/ 그 때 일기쓰길 참 잘했지//

내가 초등학교 학생들을 지도할 때 가장 먼저 외우게 하는 시다. 아이들도 재미있어하며 금방 외운다. 특히 '에이 일기는 뭣 하러 쓴담.' 부분을 재미있어 한다. 공감하기 때문이다.

요즘 일기는 일주일에 '세 번' 정도로 담임선생님 재량껏 쓰게하지만 내가 어릴 때에는 일기는 매일 쓰는 것으로 알았다. 日記의 日은 날마다 해가 뜨기 때문에 매일 하루도 빠짐없이 쓰는 것이라고 했고 매일 검사를 하셨다. 일기 쓰기 숙제는 부담이 되었다. 선생님께서는 일기 아래 부분에 짧은 편지로 용기를 북돋아 주셨다. 초등학교 때 쓴 일기는 나의 역사가 되었다. 송곳으로 뚫어 여러 권을 묶어서 가지고 다니기도 했고 그렇게 묶여있는 나의 소중한 일기장을 보면서 흐뭇하기도 했었다.

얼마 전 아이들 방을 정리하다가 높이 쌓인 초등학교 일기장 중 몇 권을 골라 지금은 성인인 큰 아들에게 주었다. 재미있다며 공책 2,3개를 단숨에 읽는다. 기억나는 것도 전혀 기억나지 않는 것도 있다며 이렇게 일기를 쓴 자신이 대견하다고 한다.

일기 쓰기 습관은 글쓰기 실력도 향상시켜 주고 앞으로의 삶의 방향도 생각할 수 있게 한다. 그리고 잘못된 점을 돌아볼 수 있는 반성의 힘을 키워준다. 반성할 수 있는 능력으로 삶을 발전, 변화 성장시킨다.

스스로 변화시켜 만드는 교육은 어떤 교육보다도 최고의 효과가 있다. 그러나 강제성을 갖게 해선 안 된다. 자연스럽게 물들게 해야 한다.

지인의 아들이 중학교 2학년 때 친구를 때린 적이 있었다. 맞은 아이의 손과 다리에 멍이 들었다. 때린 이유는 자신을 바라보는 눈빛이 '마음에 들지 않아서'였다. 마음에 들지 않는다고 친구를 때리는 것은 상상할 수 없는 일이었다. 어떻게도 이유가 될 수 없는 일이다. 그분은 자신의 아이가 남의 아이를 때린 것이 가슴이 너무 아팠다고 한다. 그럼 차라리 맞고 왔어야 했나? 생각하면 그것도 아니라고. 맘 놓고 혼낼 상황이 아니었다.

학교폭력 위원회는 열리지 않았지만 학교에서는 난리가 났다. 다음 날 바로 학교로 불려갔다. 당연한 일이었다. 학교에 가기 전부터 대책 없이 눈물만 흘렸다고 했다. 겁도 났단다. 그분의 아들이 때릴 때 둘러 서 있었던 아이들의 학부모들까지 모두 학교로 불려왔다. 담임선생님, 학생부 부장선생님께 할 말이 없었다고 한다. 불려온 학부모들이 오히려 그분을 위로했다. 상대 어머니께는 진심으로 사과를 했다. 입장을 바꿔서 생각을 했기에 무릎을 꿇고 싶은 심정이었다고 전한다.

그분은 아들에게 한 마디도 할 수 없었다. 처음이라 당황했고 겁이 났었다. 시간이 지나 때린 이유만 물어봤을 뿐이다. 그분의 아들은 부모의 상심한 표정을 봤을 것이고, 상대 학모님께 진심으로 미안해하는 것을 알았을 것이다.

학교에서는 그 때의 정황과 반성문을 썼으니 또 쓰라고 하는 것은 신경을 건드리는 것 같았다. 그날 있었던 일을 일기로 쓰라고 했다. 일기를 읽어보니 자신이 잘못했음을 인정하고 있었다. 입장이 바뀌었다면 가만있지 않을 것이라고 했다. 그리고 엄마 아빠께 엄청 혼날 것을 예상했었다고도 했다. 같은 상황이 전개된다면 또 때리지는 않겠다고 했다.

입장 바꿔서 생각해 보는 기회가 되었던 것이다. 멍이 든 상처보다 보이지 않는 마음의 상처는 더 심하게 자리했을 것이라는 것을 쓰면서 생각했을 것이다. 중학교 2학년에 쓴 일기는 아들의 가슴에 영원히 잊히지 않을 일이라고 생각한다.

그 아이가 지금 군대에 가 있다고 한다. 그 때 아주 큰 경험으로 부대원들과 어울리는 법을 알고 군 생활을 잘하고 있다. 지인의 아들은 지금도 짧게 일기를 쓰고 있다며 그 때를 회고한다. 만약 비슷한 충동이 일어난다면 그때 일기를 쓰며 느꼈던 감정을 되짚을 것이라 생각된다.

쓰기 습관을 어렵게 또는 강제로 해선 안 된다. 일기에 대한 부정적인 추억처럼 무리하게 습관화시켰다간 오히려 반감이 생긴다. 쓰기를 습관화시킬 때는 무원칙을 원칙으로 한다. 처음 쓰기 습관을 들이는데 강제성을 보이면 거부반응을 보인다.

일기에 대한 부정적인 견해는 많다. 학창시절 일기에 대한 기억 때문이다. 강제성을 띤 일기는 잊고 싶은 추억이다. 꼭 언제 써야 하고, 얼마큼 써야하는지 채근하지 말고 자율에 맡겨라.

쓰기는 반성하는 삶을 선물해준다. 반성해야 앞으로 나갈 수 있고 같은 패턴의 문제가 터지면 능수능란하게 극복할 수 있다. 성공한 인생은 문제없는 인생이 아니라 문제를 잘 해결하는 인생이다.

바른 인성은 반성에서 온다는 사실을 기억하고 스스로 반성할 수 있도록 아이에게 쓰기 습관을 선사하자. 쓰기도 습관이라 처음 습관만 잘 들인다면 스스로 반성하는 성숙한 아이로 성장할 수 있다. 성숙한 아이로의 성장은 부모에게는 선물이며 보물이다.

07

자유의
뒤에 오는 말은 책임이다

거의 모든 부모는 자녀를 사랑한다. '모든 부모가 자녀를 사랑한다.'라고 말하지 못한다. 사랑의 책임을 지지 못하는 부모가 간혹 있기 때문에 '거의 모든 부모'라는 단서를 달았다.

모든 부모가 자녀를 사랑하지 않는 것도 슬픈 일인데, 자녀에 대한 잘못된 사랑을 하는 부모가 의외로 많아 가슴 아프다. 자녀가 원하지도 않는 일을 강요하면서 '사랑하기 때문'이라고 결정짓기도 한다.

자유와 방종을 모르는 부모가 많다. 세상에는 있을 수 없는 일들이 많다. 아기를 낳아놓고 방치하거나, 버리거나 심지어 살해하는 등 나 몰라라 하는 미성숙한 부모가 사회를 어지럽히는 일이 그런 예이다.

많은 부모들이 묻는다.

"우리 아이에게 책임감을 키워 주려면 어떻게 해야 하나요? 아이가 책임감이 없어요, 숙제나 준비물 정리도 못해요. 잘못을 하고도 제 잘못을 몰라요."

아이의 사소한 부족도 부모의 눈에는 책임감이 없어 보인다.

책임감 있는 아이가 되려면 자신의 행동 결과를 예측할 수 있는 힘, 자신의 행동을 조절할 수 있는 힘, 자신의 행동을 이끌어 가는 힘이 있어야 한다. 이러한 능력들은 성장하면서 교육에 의해 서서히 발달해 나가는 것이다.

성인이 되어도 책임감이 부족한 사람이 있다. 아직 성장하지 못한 아이들에게 지나친 책임감을 강조하면 오히려 위축될 수 있다. 여러 번 자유와 책임의 예방주사를 맞혀야 성인이 된 후에도 책임감 있는 사람으로 당당하게 살 것이다.

자유란 '남에게 구속을 받지 않거나 무엇에 얽매이지 않고 자기 마음대로 행동함'을 이르는 말이고 방종은 '아무 거리낌 없이 자기 마음대로 행동한다.'라는 뜻을 갖고 있다. 비슷한 말인 것 같지만 자유는 얼마간 사회적 존재로서의 마음대로를 의미하고, 방종은 사회인으로서의 자격을 포기한 상태를 의미한다.

아이들이 백화점에서 좋은 장난감을 갖고 싶다고 자유롭게 무조건 집어온다면 사회적으로 용납될 수 있는 일인가, 나중에 그 금액을 부모가 대신 내준다고 문제는 해결될 것인가. 자유와 방종, 책임을 다하는 것을 조화롭게 가르쳐야 한다.

루퍼트 머독은 호주의 보잘 것 없는 신문에 혁신을 일으킨 인물이다. 판매부수가 저조한 신문이 청년에 의해 180도 바뀌어 두 배 이상의 판매를 기록하게 만들었다. 그러나 그 이면에는 무분별하고 자극적인 내용들로 가득 채우고 흥미로운 내용들로만 유지되고 있다.

2011년 7월 불법도청 및 해킹 혐의가 커지자 168년 된 〈뉴스 오브 더 월드〉가 폐간 처리 되었다. 그러나 그가 소유하고 있는 175개 신문 중 하나일 뿐이라는 것이 충격적이다. 매일 영국 텔레비전의 37%가, 영국 유로 텔레비전 가입자 80%가 그의 방송을 보고 있으며, 머독이 소유하고 있는 전 세계의 인구 1/4은 지금도 그의 방송을 보고 있다.

그는 '껌을 팔든, TV를 팔든 누구나 과장을 한다. 중요한 것은 어떻게든 많이 파는 것이다.'라고 했다. 어떻게든 많이 팔기 위해 언론 출판의 책임 없는 무분별한 자유로 인권이 침해되고 언론의 신뢰도를 높일 수 없게 된 경우다.

영국이 자랑하는 대문호 윌리엄 셰익스피어가 존경한 사람이 있다. 그가 존경한 사람은 바로 친구 집에서 일하는 하인이다.

어느 날 셰익스피어가 오랜만에 친구 집을 방문했다. 미리 연락을 하지 못해 친구가 집에 없었다. 집에 있던 하인은 주인이 곧 올 거라며 안내를 했다. 기다리는 셰익스피어를 위해 따뜻한 홍차와 가볍게 읽을 만한 책을 가져왔다. 책까지 담아다 준 하인의 배려에 셰익스피어는 감동했고 하인은 다시 부엌으로 들어갔다.

시간이 흘러도 친구가 돌아오지 않자 셰익스피어는 차나 한 잔 더 마시려고 부엌으로 들어갔다. 그리고 그는 눈앞의 광경에 매우 놀랐다. 아무도 없는 부엌에서 그 하인은 양탄자 밑을 청소하고 있었던 것이다. 양탄자 밑은 들추지 않는 이상 더러움이 보이지 않아 청소할 필요가 없는 곳이다. 그는 누가 알아주지도 않는 자신의 일을 묵묵히 하고 있었다.

이에 크게 감동을 받은 셰익스피어는 이후로 사람들이 그에게 성공의 비결과 영향력을 받은 사람이 누구냐는 질문을 할 때마다 "혼자 있을 때도 누가 지켜 볼 때와 같이 아무런 변화가 없는 사람, 바로 그 사람이 어떤 일을 하든지 성공할 수 있는 사람이자 내가 가장 존경하는 사람입니다."라고 했다.

갯벌에서 캐온 조개는 해감을 해야 맛있게 먹을 수가 있다. 해감을 하더라도 모래를 품고 있는 조개는 있다. 그런데 그것을 찾기란 쉽지 않다.

한 냄비를 끓일 때 한 개씩 확인해 봐야 확실하게 알 수 있다. 아무리 박박 문질러 닦는다 하더라도 모래를 한집 가득 담고 있는 죽은 조개는 입을 꾹 다물고 있다. 모래를 품은 단 하나의 조개가 끓는 물에서 멀쩡한 조개 모두에게 모래를 투사한다. 결국 멀쩡한 조개를 먹지 못하거나 먹기 힘들게 한다.

아이들 무리에서도 그렇다. 단 한 명의 학생이 수업 분위기를 흩트려 놓는 경우가 많다. 지역 사회에서도 한 사람이 분위기를 흐려 흙탕물로 만들어 놓는 경우가 있다.

나라 망신도 한두 사람이 시킨다. 그런 사람이 없다면 아름다운 사회가 될 수 있는데 어디나 그런 사람 한둘 쯤 있는 안타까운 현실이다. 자유와 책임을 부모가 알려주지 않는 사이, 우리 아이가 그럴 수 있는 환경에 빠져들 수 있다는 것을 기억하라.

다그치지 말고 성장 단계에 맞추어 가르쳐야 한다. 책임감이 강한 아이로 키우고 싶다면 아이의 의존적인 욕구를 잘 받아 주어 긍정적 자아상과 자신감을 키워주어야 한다. 실수는 대범하게 받아주어 그것을 통해 깨닫게 하고, 감정과 충동을 잘 조절할 수 있는 능력을 키워주며, 타인에게 피해를 주지 않는 등 최소한의 도덕성을 길러 주어야 한다.

요즘 젊은 부모들은 아이를 키우는 일을 자신 없어 한다. 자녀 양육 자체를 포기하면서 출산율이 급격히 떨어지고 있는 추세다. 그러나 자녀를 출산하고 키우는 것은 그 자체가 각박한 사람들의 삶을 풍요롭게 하는 것이다. 출산과 양육도 사회적 책임을 다하는 일이라고 할 수 있다.

많은 부모가 아이의 성장 단계에 맞추어 책임감을 길러주지 못한다. 성급한 교육법을 택하여 책임감을 발달시킬 수 있는 기회를 잃는 경우가 있다. 이런 아이들은 책임감이 부족한 성인으로 성장하여 자신을 비롯, 주변 사람들에게 피해를 입히기도 한다.

어린아이는 자신의 감정이나 충동을 조절하는 능력이 많지 않다. 콩나물에 물을 주듯이 꾸준히 잘잘못을 알려주어야 한다. 사소한 일을 이뤄 냈을 때 칭찬을 잘 해야 한다. 매사에 뭐든지 할 수 있는 자신감이 생기면, 자신의 일을 스스로 해 나가게 된다. 진정한 책임감은 실수를 통해 배울 수 있다. 어떤 일을 스스로 시도해 보고 그 결과를 경험하면서 과정을 통해 배우게 된다. 과잉보호는 아이에게 모든 일을 준비해 주기 때문에 스스로 깨달을 기회를 알지 못하게 한다.

어린 시절 부모의 세심한 배려와 가르침은 올바른 책임감이 있는 어린이로 성장할 수 있는 가장 중요한 밑거름이다.

08

하얀 종이 위에
날마다 큰 꿈을 조금씩 조금씩

그리스 신화에 나오는 조각가 피그말리온은 아름다운 여인상을 조각하고 그 여인상의 아름다움에 빠져 진심으로 사랑을 한다. 조각상에 푹 빠진 피그말리온을 보고 아프로디테(로마신화에서는 비너스) 라는 신이 그 사랑에 감동을 받았다. 그래서 여인 조각상에 생명을 불어넣어 살아 있는 여인으로 만들어 주었다. 조각상에 정성을 다하고 기대와 관심을 쏟았더니 실제 여인이 된 것처럼 어떤 대상이 다른 사람의 기대와 믿음, 관심의 힘을 전달 받아 실제로 더 잘하게 하는 현상을 '피그말리온 효과'라고 한다.

피그말리온 효과는 우리주변에서 쉽게 볼 수 있다. 60세까지 평범한 주부로 살았던 사람이 행사장에서 봉사로 노래하는 또래 여가수를 보게 된다. 그리고 노래강사를 하겠다고 스스로 다짐을 한다. 주변에선 손자랑 놀아줄 나이에 무슨 노래강사냐고 비꼬았지만 포기하지 않고 꿈을 향해 달렸다. 다짐은 생각으로 연결되어 행동으로 이어졌다. 민간교육기관에서 발급하는 노래강사자격증을 취득하고 주변 경로당에서 무료로 노래강사를 시작한 것이다. 그 후 기타, 하모니카 등을 배우며 무대에 올라갈 수 있는 기회를 스스로 찾아갔다. 그렇게 3년이 지나고 남편은 운전하고 그 사람은 지역 경로당 순회 노래강사로 활약 중이다.

결국 '인생은 꿈꾸는 자의 것이다.'란 평범한 진리를 생각하게 한다. 그리고 우리 주변에 알게 모르게 피그말리온 현상처럼 자신의 환경과 상관없이 꿈을 꾸고 그것을 이룬 사람이 정말 많다.

꿈은 꿈꾸는 자의 것이지만 꿈 자체를 꾸지 않는다면 절대로 이루어지지 않는다. 우리나라 3,800명의 청소년을 대상으로 설문조사 한 결과 83%가 꿈이 없다고 답했다. 지금 청소년의 적나라한 현실을 보여주는 통계다. 아무리 TV나 책에서 멘토-멘티 시스템을 강조하고 수많은 청소년 비전 강사들이 있다 하더라도 현실은 100명 중 83명은 꿈이 없다는 것. 더 안타까운 사실은 '꿈의 격차'가 점점 더 발생하기 시작했다는 것이다.

모 은행에서는 VIP고객 자녀들을 위해 각종 경제교육을 무료로 해주고 있으며 시간적으로 여유 있는 부모들은 아이와 함께 유명 작가나 석학들의 강연을 듣게 해준다. 심지어 자녀경제교육에 신경을 쓰는 부모는 부동산 투자처를 찾기 위해 자녀를 데리고 다닌다. 그리고 그들만의 리그인 시스템을 잘 갖춘 사립학교에 입학시키기 위해 부정행위도 서슴지 않는다.

우리는 보이는 것 때문에 보이지 않는 걸 구속시킨다. 머리로는 미국에 하버드대학이 있다는 걸 알아도 거기에 입학하겠다고 마음먹지 않는 이상 죽었다 깨어나도 하버드대학의 입학시스템은 어떻게 되는지 위치가 어딘지 알 수 없다. 문제는 마음먹기 위해선 보이지 않는 하버드대학을 꿈에 넣어야 한다. 꿈의 격차란 그 꿈을 꾸느냐 꾸지 않느냐에 있다.

부모들은 꿈 앞에 참으로 이중적이다. 나 역시 마찬가지다. 강의나 기회가 있다면 청소년들에게 큰 꿈을 가질 것을 주문한다. 그리고 수많은 강연 프로그램에서 꿈을 이룬 사람이 나와 꿈을 이룬 스토리를 말하면 아이들에게 시청을 권한다. 그리고 큰 꿈을 가지라고 말한다. 그러나 내 아이가 정말 큰 꿈을 이루기 위해 도전하겠다면 용기 있게 해보라고 적극적으로 권유를 못한다. 이유는 꿈을 이루기 위해선 위험부담이 필요한데 그렇게 사는 게 얼마나 힘든지 알기 때문이다. 그래서 남의 자식은 큰 꿈을 가지라고 하고 우리 아이는 왠지 모르게 안정되고 평범하게 살 것을 나도 모르게 바란다. 청소년을 가진 부모들은 제3자의 눈으로 볼 수 있어야 한다.

2살 아이가 있는 젊은 부부랑 이야기할 기회가 있었다. 아직 2살이지만 교육에 대한 걱정이 많았다. 남편은 만약 아이가 커서 외국으로 유학을 간다거나 예술계통으로 가겠다면 재정적 지원을 해줄 수 있는지 고민이다. 남편은 욕심이 있어 보였고 지금부터 자녀교육비의 걱정이 앞섰다. 아내는 생각이 달랐다. 우선 아이를 평범한 사람으로 키우고 싶었다. 그리고 아이에게 끼가 있다면 스스로 벌어서 배워야 한다는 생각을 갖고 있다.

경제적으로 힘들지만 큰 꿈을 응원해주고 싶은 아빠와 평범하게 키우고 싶은 엄마 중 누가 옳고 그르다고 판단할 수도 그 기준도 없다. 각자 타고난 천성대로 사는 법이니 둘 다 정답이다. 내가 해준 말은 간단했다. 아이에게 큰 꿈만이라도 꿀 수 있는 여건만 마련해 주라고 했다. 꿈조차 못 꾼다면 그것이야 말로 아이 인성과 미래에 큰 영향을 미친다고 말했다.

시인 릴케는 '꿈을 지녀라. 그러면 어려운 현실을 이길 수 있다.' 라고 말했다.

오영석이라는 학생은 가난하여 상급학교에 진급할 수 없었다. 편지봉투에 수신인을 하나님으로 써서 '진학의 길을 열어주세요.'라는 편지를 우체통에 넣었다. 이 편지 처리를 고민하던 우체국에서는 생각한 끝에 어느 교회로 보냈다. 그 교회 목사의 주선으로 대학에 진학했고, 해외 유학을 마치고 돌아와 한신대학교 교수가 되었다.

'꿈은 이루어진다.' 라는 말이 2002년 월드컵에만 있는 말이 아니다. 꿈을 가지면 무엇이든 이룰 수 있다. 그것을 도와주는 것이 부모다.

자식의 꿈을 위해 앞장서기보다 자신의 꿈이 무언지 알고 목표를 세우고 아이들과 함께 토론하는 것도 꿈을 이루는 좋은 과정이 된다.

꿈은 가장 큰 목적이자 살아가는 이유다. 꿈이 없다는 것은 살아가는 이유가 없다는 뜻이다. 우리는 살아가는 목적이 있어야 한다. 물론 꿈을 이뤘을 때는 꿈이 없을 수도 있다. 요즘 많은 아이들이 공무원이 꿈이라고 한다. 부모가 원하는 직업이 아이들의 꿈이 되는 세상이다.

미국의 '톰스스텐'은 그의 책 《백만장자의 정신》에서 백만장자 1,300명을 대상으로 연구조사한 백만장자의 공통점을 발표했다.

첫째, 백만장자들에게는 꿈과 비전이 있었다는 것, 둘째는 기본기에 충실한 삶을 살았다는 것이다. 그 기본은 누구나 다 알고 있는 것을 바탕으로 산 보편적이고 성실한 삶이다. 결국 꿈과 비전을 가지고 기본으로 성실하게 살았다는 것인데, 쉬운 일일까? 어려운 일일까?

아이들은 꿈꾸고 싶어 한다. 하얀 종이 위에 그리는 꿈은 끝이 없이 펼쳐진다. 그러나 현실은 아이들이 꿈꾸는 것을 용납하지 않는다. 부모가 원하는 방향으로 양육하여 부모가 원하는 일을 하도록 유도한다. 그러나 그렇게 길들여진 아이들은 어느 순간 자신들이 얼마나 무력하고 무능한지를 알게 되고 사춘기를 핑계 삼아 자아상실감을 갖게 된다. 어떤 것을 공부해야 하고 어디를 향해 가고 있는지에 대한 방향키는 자신이 잡고 있어야 한다. 열쇠를 부모가 쥐고 있는 현실에서는 방황할 수밖에 없다.

아이들을 꿈꾸게 하자. 부모가 못다 이룬 꿈이 아니라 아이가 행복할 수 있는 꿈을.

09

언어는 영혼의 마중물이다

공익광고 한 장면이다. 청소년들이 즐겁게 대화를 나누고 있다. 즐거운 대화가 왠지 이상해 보인다. 욕설과 은어가 넘치는 대화다. 그러다 "지금부터 욕설이나 은어를 쓰지 않고 말해 보세요." 말이 떨어진다. 남학생은 답답해 머리를 쥐어뜯고, 여학생은 가슴을 두드린다. 서로 대화가 안 통한다. 아이러니하게도 배경 음악에는 국카스텐의 [어서 말을 해]가 흘러나온다. 욕설과 은어 없이 대화가 안 되는 청소년들의 현실을 꼬집은 공익광고다.

통계를 봐도 청소년들의 욕설수준은 심각하다. 2014년 전국 초, 중, 고 남녀학생 1,260명을 대상으로 조사를 했다. '욕을 습관적으로 쓴다'는 25.7%가 답했고 이어서 '남이 쓰니까 사용한다'는 18.2%가 답했다. 욕설이 청소년 언어생활의 일부분이 된 것이다. 욕을 처음 사용하기 시작한 연령은 초등학교 고학년이 가장 많았고, 지속해서 욕을 한다고 답한 연령은 초등학생 5.5%, 중학생이 17.1%, 고등학생 16.2% 순으로 나왔다. 중학교에 진학하면 10명 중 1명은 욕을 습관적으로 사용한다는 것이다.

예나 지금이나 욕설과 은어는 존재한다. 전문가들은 아이들 사이에선 욕설이 친밀감의 표현인 경우도 있고, 집단문화의 일종이라 말한다. 친밀감과 집단문화인 욕설은 하지 말라고 다그치면 더 하고 싶은 게 심리이다.

말은 음성으로 자신의 생각과 느낌을 표현하는 수단이며 사람의 됨됨이를 나타내는 척도다. 우아하고 품위 있는 언어는 사람을 감동시키며 믿음을 주게 된다. 바르고 고운 말씨는 때로는 꽃이 되어 주변을 향기롭게 만든다. 거칠고 상스러운 말씨는 가시가 되어 사람에게 상처를 입힌다. 바르고 고운 마음에서 나오는 말투는 무엇과도 바꿀 수 없는 개인의 소중한 재산이다. 큰 힘을 들이지 않고 자신을 품격 있는 사람으로 만들 수 있는 최고의 방법이다.

자신의 품격을 만드는 언어도 습관이다. 욕설과 은어가 배어있으면 자신도 모르는 사이에 쏟아낸다. 자녀가 정말 중요한 자리에서 자신도 모르게 욕설과 은어를 쏟아낸다고 생각해보자. 개인적 불이익은 물론 부모 역시 이미지가 깎인다.

서울 유명대학에서 '화장실 막말녀'가 네티즌을 뜨겁게 했다. 여자화장실에서 화장을 고치고 있던 여대생이 미화원에게 막말을 한 일이다. 화장을 고치고 있던 여대생은 먹다 남은 우유를 세면대 위에 올려놓는다. 미화원이 우유를 치우지 않자 여대생은 따지듯 "이건 왜 안 치우냐?" 물었다. 미화원은 우유가 남아서 안 치웠다 말하자 여대생은 "더럽다. 꺼져라."며 화를 낸다. 상황을 정리하고 강의실에 앉아있는데 미화원이 강의실에 들어오자 "이 아줌마가 미쳤나. 빨리 꺼져라."며 막말을 쏟아냈다.

미화원 딸이 인터넷에 사건을 도와 달라 호소했다. 마침 화장실에 있던 누군가 대화를 녹음한 걸 인터넷에 올려 사건은 일파만파로 커졌다. 해당 학교, 학과 홈페이지는 네티즌의 비난 글을 쏟아냈다. 결국 여대생은 눈물을 흘리며 미화원께 사과하며 사건이 종결되었다. 여대생의 잘못된 인성과 그것을 언어로 표현한 것이 문제가 된 것이다. 지금도 여대생의 신상정보가 인터넷에 떠돌아다니고 있다. 인성의 문제와 언어습관의 잘못으로 평생 낙인이 찍힌 것이다.

언어습관은 자신을 드러낸다. 습관에 욕설이 있다면 욕설 속에 자신이 있는 것이다. 더 큰 문제는 그런 문화를 당연히 받아들이는 것이다.

욕설과 은어는 말로만 하는 게 아니다. 2015년 국민대통합위원회에서 청소년들이 주로 이용하는 웹사이트를 조사했다. 이중 13만 2,244 게시판을 조사한 결과 욕설과 은어가 30%로 나왔다. 게시판에 글을 올리는 학생이나 글을 보는 학생들은 욕설과 은어에 심각하게 노출된 상태다. 노출비율이 강할수록 습관이 되는 건 당연하다.

말은 물론 인터넷상에도 쉽게 볼 수 있는 욕설과 은어를 고치는 방법은 무엇이 있을까? 욕을 심하게 하는 아이가 있었다. 욕은 친구들에게는 물론이고 교사인 나에게까지 불쑥불쑥 튀어나온다. 나와 아이들이 눈살을 찌푸리고, 수업 진행이 쉽지 않다. 어느 날 나는 욕의 어원을 공부했다. 그 학생의 입에서 욕이 나오자 작심을 하고 아무렇지도 않은 표정으로 학생의 욕을 따라했다. 씨 발, 좆같아, 개새끼. 토씨 하나 바뀌지 않게 억양까지 그대로 따라했다. 마음 굳게 먹고 했는데도 가슴이 떨렸다. 그리고 욕에 대해 풀이를 해 주기 시작한다. '그것은 남자의 성기를 말하는 것이란다.' '그것은 여자의 성기를 말하는 것이란다.' '그것은 엄마를 욕하는 것이란다.' 아이들은 선생님이 자연스럽게 욕을 따라하는 것에 눈이 휘둥그레진다. 거기에 해설까지 들으니 욕을 할 수가 없다. 때로는 강한 학생에게 강한 교육이 필요하다.

부모의 언어습관도 점검해야 할 일이다. 언어학자들은 보통 생후 18개월을 전후해 부모의 언어습관이 아이에게 영향을 미친다고 말했다. 고도흥 한림대 언어청각학부 교수는 "생후 18개월은 '언어가 폭발하는 시기'로 본격적인 언어 인지능력을 갖게 된다."면서 "영유아기에 듣는 부모의 공격적인 언어는 아이들에게 트라우마로 남지만 정작 말을 한 부모는 이를 모르고 넘어가는 경우가 대부분"이라고 말했다. 결국 아이들의 욕 문화는 부모에게 영향을 받는다.

"너 때문에 죽겠다" "내가 못살아" "끝까지 못할 거면 하지 마!" "내가 너를 낳고 미역국을 먹었다니." "네가 하는 일이 다 그렇지. 내가 뭘 더 바라겠니?" "너 계속 바보처럼 굴 거야?"

혹시 자녀에게 이렇게 악담을 한 적이 있는가. 만약 그런 부모라면 아이의 성공을 돕기는커녕 자녀를 망치는 발언을 한 것이다. 이런 말을 듣고 자란 아이는 충분한 자신감도, 스스로를 존중하는 마음인 자존감을 갖기 어렵다. 매사에 자신감이 없고 자존감이 바닥이면 사회에 적응하기도 어렵다. 부모들의 이런 언어습관은 아이들의 미래를 망치는 길이다.

문제의 심각성은 자극적이고 폭력적인 욕설들이 성장기 청소년들의 뇌세포 생성에 영향을 끼친다는 것이다. 전전두엽이 장애를 받게 되면 성인이 되어도 회복이 되지 않는다는 것이다. 작은 자극에도 감정 조절을 못해, 의사를 정확하게 표현하는데 어려움을 느낀 나머지, 잔인하고 격멸적인 욕설인 '또래 언어'들을 생산하게 되어, 인격 형성에 악영향을 가져와, 각종 청소년 범죄를 낳기도 한다. 사람의 마음속에 보이지 않는 상처를 남기면서 정신과 영혼까지 황폐하게 만들기 때문이다. 부모의 언어습관 점검 후 아이에게 욕설이나 은어의 어원을 교육하자.

현재 교육부에서 전국 44개 지역을 대상으로 욕설이나 은어의 어

원을 신청하면 전문가들이 가르쳐준다고 한다. 효과는 상당하다고 한다. 이런 지원을 적극 활용하자.

말은 마음을 보여주는 거울이다. 반대로 말에 따라 마음도 달라진다. 아이의 잘못된 욕설이나 은어의 원어를 알려주며 고쳐나가자. 또한 부모의 언어습관도 점검하자.

한글만큼 아름다운 언어도 없다고 한다. 모국어에 대한 보답을 아름다운 언어습관으로 갚아가자.

우리의 부력(富力)은 우리의 생활을 풍족히 할 만하고,
우리의 강력(强力)은 남의 침략을 막을 만하면 족하다.

행복한 어른으로 키우는 인성 실천서

인성으로 성공하라

5장

행복한 아이가 자라 아름다운 어른이 되는 것

01

경쟁 지옥에서 빠져나와야 할 아이들

"저 지금 청소년 우울증인가요? 옛날에는 자살충동을 무의식적으로 느꼈는데, 요즘은 하루 종일 자살밖에 생각이 나지 않아요. 어떻게 하면 죽지? 같은 생각만 하루 종일 머리에서 떠나지 않습니다."

"학원 다니기가 힘들어 학원 선생님께 상담 받았어요. 선생님은 포기하지 말고 더 열심히, 더 많이 하라고 하더군요. (중략) 하루에 밥 한 끼 먹을까 말까에요. 제가 친구들에게 매일 울면서 전화하니까 우울증 아니냐고 하더라고요. 정말 우울증인가요?"

포털사이트에 '청소년 우울증'을 검색하면 나오는 상담이다. 나 역시 자살예방 봉사활동을 하면서 비슷한 상담을 해봤다. 성인 우울증과 다르게 청소년 우울증은 '가면 우울증'이 많다. 잘 나타내지 않고, 정보 부족과 성숙하지 못해 어디로 튈지 몰라 더 심각하다. 그러나 일부 어른들은 "나이도 어린 게 무슨 우울증이냐?"며 쉽게 말한다.

2017년 국민건강보험공단 통계를 보면 청소년 우울증이 심각하다는 걸 알 수 있다. 2015년에는 19,845명에서 2016년에는 22,514명으로 늘어났다. 우울증의 원인은 내 뜻대로 되지 않는 일이 계속 늘어나면서 자존감이 낮아지는 것이다. 낮아진 자존감을 회복하지 못하면 우울증이 심각해진다. 자존감을 높이는 일은 성취동기를 많이 제공해야 하는데 지금처럼 시험과 암기 위주의 시스템에서 성취동기를 줄 수 있는 요소는 많지 않다.

2018년 들어와 초등학교에 코딩교육이 의무화 되었다. IT기기가 필수가 된 세상에 프로그램을 구현하는 코딩교육은 없어서는 안 된다. 창의력과 사고력을 신장하기 위해 좋은 취지이며 꼭 필요한 교육이라 생각한다. 코딩교육 의무화 소식이 퍼지면서 늘어난 곳이 있다. 바로 코딩학원이다. 학교에서도 좋은 선생님을 배정해서 교육을 한다 해도 코딩학원이 늘었고, 수강생도 늘고 있다. 교육열이 강한 우리나라의 특징이다. 여기에서 뒤처지면 안 된다는 '공포 마케팅'도 한몫했다고 생각한다.

코딩교육 의무화는 코딩학원에게 좋은 기회이지만, 아이들에게는 무언가를 배워야 할 의무가 늘어난 셈이다. 다른 과목들과 마찬가지로 시험을 보고 평가를 받는다. 누구는 1등을 하고 누구는 꼴

찌를 한다.

IT기기를 다루며 프로그램을 창조하는 코딩에 흥미보다 의무를 주는 것 같아 안타까운 건 사실이다. 학교나 학원이나 암기와 경쟁이 아닌 흥미, 관심위주로 교육했으면 하는 바람이다.

학교에서는 시험을 본다. 그리고 성적에 따라 대학에 간다. 과거에 비해 대학이 좋은 직업, 안정된 삶을 보장해주지 않는다지만 분명히 프리미엄은 있다. 고등학생이 되는 순간 이 프리미엄을 위해 달려간다. 학교에서 보는 시험에 절대 유리한 사람은 암기력이 뛰어난 사람이다. 창의력, 사고력을 강조하나 객관식 문제로 이루어진 시험에서 암기력이 뛰어난 사람이 절대적으로 유리하다.

암기력이 뛰어난 사람은 좋은 대학에 갈 확률이 월등이 높다. 암기력은 모두 똑같지 않다. 불공평한 경쟁의 시작이다. 각자 가지고 있는 지능이 있는데 그 지능을 발휘할 기회보다 암기를 시키는 것은 문제다. 암기를 위한 학습으로 우리 아이들은 경쟁지옥에서 살아간다.

경쟁지옥은 스트레스를 많이 받는 곳이다. 더 많이 그리고 완벽하게 암기해야하는 스트레스와 압박을 받는다. 그 스트레스를 어딘가 풀어야 한다. 게임이나 학교폭력, 술, 담배로 푼다. 심지어 선생님에게 투사하여 푸는 학생도 있다. 그 스트레스를 받는 선생님도 힘든 생활이 이어진다. 교육자로서 자부심보다 의무로 교육하는 일도 일어날 확률이 높다.

경쟁지옥에서 벗어나는 방법은 아이들의 다양성을 인정하는 것이다. 먼저 아이가 가진 암기력을 포함한 뛰어난 고유의 지능을 인정해야 한다. 지능을 안다면 암기가 아닌 지능 속에서 꿈을 발휘할 수 있다. 꿈을 발휘할 때 거기에 필요한 경쟁을 받아들이고 최선을 다할 수 있다.

아이가 공부. 정확히 말하면 암기를 못해도 그 자체를 인정하고 다른 지능을 찾아보자. 우선 지능의 종류를 알고, 아이를 관찰하면 된다. 도움이 더 필요하면 전문가를 찾는 것도 좋다. 다음은 아이들의 교육에 가장 많이 사용되고 있는 지능으로 하워드가드너 박사의 여덟 가지 지능을 요약해 놓았다. 여러가지 지능이 작용한다는 것을 부모가 알고 찾아서 아이에게 적용시키면 된다.

대인관계지능은 대인 관계를 잘 이끌어가는 지능으로 다른 사람들과 교류하고 이해하며 행동을 파악하고 해석하는 능력을 말한다. 언어적 민감성, 독해능력, 작문능력, 말하기 능력 등이 뛰어나다.

자기이해지능은 자신의 심리와 정서를 파악하고 표출하는 지능으로 자기 자신을 이해하고 느낄 수 있는 인지적 능력을 말한다. 자기 관리능력, 효과적 관계 형성 능력, 목표 성취도 등이 뛰어나다.

논리수학지능은 숫자나 규칙, 명제 등을 잘 익히고 만들어내는 지능으로 논리적 문제나 방정식을 풀어가는 정신적 과정에 관한 능력을 말한다. 계산능력, 문제 해결능력, 기억 및 학습 능력, 추론

능력 등이 뛰어나다.

공간지능은 도형, 그림, 지도, 입체, 설계 등의 공간적 상징체계에 소질과 적성을 보이는 지능으로 미술가, 발명가 같이 3차원의 세계를 잘 변형시키는 능력을 말한다. 구성 및 조합 능력, 예술성 등이 뛰어나다.

신체운동지능은 춤, 운동, 연기 등을 쉽게 익히고 창조하는 지능으로 몸의 움직임에서 균형, 민첩성 등을 조절할 수 있는 능력을 말한다. 운동성, 손작업 및 표현 활동 등이 뛰어나다.

음악지능은 가락, 리듬, 소리 등에 뛰어난 지능으로 리듬지각, 선율지각, 음악적 표현 등에 쉽게 참여하고 느끼고 창작하는 능력을 말한다. 음악성, 가창력, 악기 다루는 능력 등이 뛰어나다.

언어지능은 말 재주와 글 솜씨로 세상을 이해하고 만드는 지능으로 소리, 리듬, 의미에 대한 감수성, 민감성 등과 관련된 능력을 말한다. 언어적 민감성, 독해능력, 작문 능력, 말하기 능력 등이 뛰어나다.

자연탐구지능은 환경을 인식하고 분석하는 지능으로 식물에 대한 관심, 자연 현상에 대한 유형을 규정하고 분류하는 능력을 말한다. 동물에 대한 관심, 과학적 재능 등이 뛰어나다.

다음은 요즘 트렌드로 아이들과 성인에게도 많이 적용되는 IQ, EQ, HQ, NQ 등의 지능이다. 잘 알고 내 아이에게 맞는 지능을 세심히 살펴보자.

IQ(Intellence quotient)는 지능지수로 아이디어와 창의성 지수로

서의 지능을 말하며 자유로운 사고를 할 수 있는 지적 유연성을 가진 아이로 키워야 한다는 뜻을 내포하고 있다.

EQ(Emotional quotient)는 감성지수로 EQ가 높으면 감정이입 능력이 올라가며 타인의 감정에 돌입하는 능력이 크다. 원만한 대인관계는 EQ가 바탕에 깔려 있어야 한다.

MQ(Morallity quotient) 는 도덕성 지수로 양심에 어긋나지 않게 행동하는 것을 말한다. 쉽게 말해 '준법성'인데, 부모의 양심과 비양심의 가장 큰 영향을 받는 부분이다.

PQ(Personality quotient)는 열정 지수로 강렬한 의지의 근간이 된다. 'Personality Quotient'의 약자로 '인간성 지수'라고도 한다.

DQ(Digital quotient)는 디지털에 대한 이해력 지수로 단순히 컴퓨터 기술만을 잘하는 게 아니라 정보기술 체계에 대한 전반적인 이해력이 필요하다.

GQ(Grobal quotient)는 글로벌지수로 세계인으로서의 양식과 올바른 가치관을 가지는 것을 말하며 지구촌 시대를 살아가는 우리는 한국인인 동시에 세계인이라는 분명한 자의식이 있어야 한다.

AQ(Analogy Quotient) 는 유추지수로 연관성이 없어 보이는 각기 다른 사실에서 공통성을 엮어 내는 것으로 유사성을 새로운 가치로 만들어 내는 능력을 지수화한 것이다. 새로운 아이디어와 발견을 이끌어내는 원천이다.

NQ(Network quotient) 는 인맥-공존지수로 직장인으로서 사회에서 성공하기 위해 가장 필요한 지수로 관계 형성을 잘 할 수 있어야한다.

HQ(Humor quotient) 는 유머지수로 사회에 재미와 즐거움을 줄 수 있는 필수적인 지능이다.

SQ(Spiritual Intelligence quotient) IQ(지능지수)와 EQ(감성지수)에 대응하는 새로운 개념으로 영성지수라고 한다. 규칙이나 상황을 바꿀 수 있는 창조적 능력으로서 IQ와 EQ의 토대가 되는 인간 고유의 지능이다.

지능도 급하게 찾으면 탈이 난다. 여러가지 지능에 대해 깊이 이해하고 유장한 마음으로 찾고 거기 따른 활동을 도와주면 된다. 지능을 찾는 일의 시작은 경쟁지옥에 있다는 걸 인식하고 스트레스를 덜 받으며 활동할 수 있게 도와주는 일이다.

02

인생의 가치를 사람다움에 두라

인명피해가 발생하는 대형사건이 터지면 온 국민이 아파한다. 몇몇 사건들은 참담하기 이를 데 없다. 사건이 터졌을 때 정부가 신속히 대응하는 경우도 있고, 못하는 경우도 있다. 사고라는 건 언제, 어떻게 터질는지 몰라서 예상이 어렵다. 불가항력적으로 일어난 사고는 반성하고 개선하면 된다. 그러나 인재(人災)였다면 이야기는 달라진다. 최근에 일어난 인재에서 정부의 해명이 있어도 믿지 못하는 일이 비일비재하다. 그 속에서 사회적 갈등이 일어난다. 국민은 인재를 예방하지도 못하고 막아내지 못한 정부를 비난한다. 정부가 해명을 해도 그것을 믿지 않고 원망할 때가 있다. 분명한 건 정부를 이루는 사람도 국민이라는 것이다. 서로가 다른 입장이라는 이유만으로 사회적 갈등이 일어난다.

취업이 어렵다는 건 어제 오늘 일이 아니며, 연봉 많고 안정된 직장에 들어가고 싶은 건 누구나 가지고 있는 욕망이다. 대표적인 직장이 공기업이다. 그래서 공기업 채용은 어느 곳보다 공정해야 한다. 공기업 자체가 공공의 이익을 위한 것도 있고, 누구나 들어가고 싶은 꿈의 직장이기 때문이다.

최근 공기업 채용 비리를 발표했다. 소위 말해서 능력도 안 되는 사람을 채용하기 위해 천태만상의 행동도 서슴지 않았다. 꼴찌에 가까운 성적임에도 불구하고 기관장이 채용기준을 바꾸는 등 꿈같은 공기업을 들어가고 싶은 청년들에게 허무감을 제공했다. 공기업도 이러한데 사기업은 얼마나 채용비리가 많겠냐며 허탈감을 보냈다.

이렇게 한결같지 않은 세상에서 청년들에게 꿈과 희망을 가지라고 말하겠는가? 솔직히 슬프고 분노할 일이다. 채용비리로 공기업에 대한 불신은 늘어났다. 공기업이 신규직원을 뽑을 때 정말 공정하게 채용했다 해도 한동안 부정채용에 대한 불신은 여전할 것이다. 공기업에 대한 불신은 우리 사회에 갈등비용을 늘리게 한다.

채용비리로 인터넷에 갈등이 생겼다. 모든 채용이 다 비리로 이루어지는 것은 아닌데 왜 다 싸잡아서 '금수저', '낙하산'이라 치부해 버리는지 모른다는 것이다. 정당한 절차를 밟아 채용된 사람은 억울하다. 또한 앞으로 공기업이 추진하는 일에 정당한 의심이 아니라 감정적 의심을 하고 그것을 해명하기 위해 공기업은 더 많은 일을 해야 한다. 갈등으로 생기는 시간적 낭비, 재정적 낭비인 셈이다. 채용은 공정해야 한다는 당연함을 깊이 새기고 행동했다면 일반 국민이 공기업을 의심하는 일은 많지 않았을 것이다.

'허언(虛言)'

허언은 '실속 없는 빈말'을 뜻한다. 인터넷에는 허언이 가볍게 웃고 넘어갈 수준에서부터 없는 호랑이도 만들어내는 문제까지 일으키고 있다. 이 허언이 온 사회를 발칵 뒤집은 일이 있다. 엄마와 두 아들이 구해달라고 허언을 한 것이다.

행복한 가정을 꾸민 아버지, 어머니 아들 둘 네 명의 가족이 있었다. 아빠는 제법 규모가 큰 목회자의 아들이고 엄마는 목회자의 며느리이다. 어느 날 엄마는 시아버지와 남편을 성폭력으로 고소했다. 아들들도 방송에 나와 적극 증언을 했다. 내용은 입에 담기 참담했다. 엄마와 두 아들은 교회 사람들에게 매일 폭력과 성추행 당했다고 한다. 언론은 이 참담한 뉴스를 세상에 알리기 바빴다. 사회단체, 여성단체 등에서 세 모자를 구원하기 위해 후원금을 모금했고, 법률적으로 도와줬다. 경찰은 즉각 수사에 들어갔다. 수사결과 시아버지와 남편 모두 무죄혐의를 받는다. 무죄혐의에 대해 사회 곳곳에서 공분했다. 심지어 큰 교회를 가진 시아버지가 경찰을 매수했다는 소문까지 돌았다. 한마디로 경찰을 신뢰하지 않는 것이다. 인터넷 커뮤니티에는 이 사건에 대해 경찰입장과 세 모자입장에서 갈등이 심했다.

이 세모자 사건을 심층 취재 한 SBS 〈그것이 알고 싶다〉에서 사건의 전모를 밝혔다. 엄마는 무속인에게 빠져 있었다. 무속인은 시아버지와 남편 재산을 갈취하기 위해 엄마를 이용했다. 이미 상당한 재산이 무속인에게 들어갔고, 시아버지와 남편이 대응하려하자 고소를 한 것이다. 그것도 아주 자극적인 요소로 말이다. 우선 급한 건 아이들이었다. 엄마를 사랑한 아이들은 엄마를 구하기 위해 허위 발표를 했다고 판단하고 경찰과 아동보호기관에 인계했다.

이 사건의 갈등이 커진 건 일반 사람들이 경찰 발표를 믿지 못했기 때문이다. 서로를 믿지 못하는 저(低) 신뢰 사회의 현실이며 그동안 신뢰를 주지 못한 경찰이 안타까웠다.

한번 잃은 신뢰를 다시 쌓기는 어렵다. 애초에 신뢰를 잃어버릴 일을 하지 말아야 한다. 그러나 우리사회 곳곳에는 빠름을 예찬하면서 빨리 하기 위해 정당한 방법보다 편법과 속임수로 빠름을 이루어 나간다. 신뢰를 잃은 일들이 너무나 많다. 어디서 어떻게 신뢰를 찾아야할지 어려운 숙제다.

분명한 건 사회적 갈등 비용이 늘어나면서 모두가 손해를 보고 있다는 것이다. 정부를 믿지 못하고, 이웃을 믿지 못하고 있다. 사회적 갈등비용을 줄이기 위해 먼저 신뢰를 회복해야 한다. 법률적 장치는 신뢰를 지키는 최후의 수단이다. 그보다 더 포괄적이고, 양심적인 신뢰는 인성이다. 법은 최후의 수단이다. 인성이 제대로 되었다면 법으로까지 갈 필요가 없다. 인성으로 사회적 갈등을 줄여야 한다.

지금 우리 사회를 이끌어가는 사람은 리더들이다. 리더는 높은 도덕적 모범을 보여야 한다. 그래야 신뢰를 쌓을 수 있다. 아이들의 1차적 리더는 부모다. 그리고 2차적으로 선생님, 이웃이 된다. 어른들이 먼저 약속을 지키는 모습을 보여주자. 리더들은 약속을 지키면서 국민들에게 신뢰를 받아야 한다. 약속을 지키는 근본이 바로 인성이다. 인성이 바로 갖추어진다면 사회적 갈등비용이 줄어들고 그 혜택은 모두에게 돌아간다.

03

고민하라,
그것은 결국 내 문제였다

"선생님, 아이들에게 '가만히 있어.'라고 말할 수 있을까요?"

함께 공부하는 선생님이 나에게 물었다. 선생님의 자녀는 고등학생이었다. 물에 빠진 친구가 떠내려가는 것을 보며 보고만 있을 아이가 얼마나 있을까? 친구를 구하려다 함께 죽은 아이들의 이야기를 들으며 선생님과 나는 눈물을 흘렸다. 아이들이 위험한 상황에 처했을 때 '가만히 있어라'하고 말할 수 있을까 말이다. 아이들은 그 말을 진실로 받아줄까 말이다.

어른들 중에 몇몇은 '나는 아니다'라고 말할 수 있겠지만, 일정한 나이가 넘은 모든 사람들에게 책임이 있다. 천민자본주의가 득세하고, 거기에 호응을 보낸다. 그래서 과적을 하고, 안전장치도 대충 채워버린다. 평생 죄인으로 살아하는 부모에게 보상을 더 받고 싶어서 투쟁하는 사람도 있다. 상식 이하의 사람들이 우리 곳곳에 있다는 사실이 슬프다. 이런 사람들이 나타나면 나를 포함한 모든 어른들은 죄인이다. 그것을 막지 못했기 때문이다.

'악(惡)은 무관심을 먹고 자란다.'

누군가의 말처럼 무관심 속에 사회 곳곳에서 악은 자랐다. 그나마 관심은 자신의 아이에게만 있다. 아이가 더 좋은 아파트에 사는 친구랑 사귀길 원해서 모임을 만들고 있다. 어느 부모는 아이에게 관심이 없고 애완동물에만 관심이 있다. 겨우 탈출한 아이는 집에 보낼까봐 경찰에게 주소도 말하지 못하고 있다. 사회복지 시스템에 문제가 있다고 아우성이다. 그러나 옆에 누가 사는지 관심도 없다.

과거보다 삶이 풍요로워졌지만 사람 간의 유대가 팍팍해진 이유로 사회 탓을 한다. 갈수록 이기주의가 만연해질 것이다. 우리 아이가 최고라고 생각한다. 그러나 우리 아이도 직·간접적으로 영향을 받을 수 있는 공통된 일을 간과한다.

체육관에 20여 명이 넘는 사람들이 무릎을 꿇고 있었다. 그리고 눈물로 하소연했다. 주변에는 기자, 공무원, 지역주민 등 여러 사람이 있었다. 무릎을 꿇고 있는 사람들은 장애우를 가진 부모들이다.

서울시는 청소년 장애우 학교 건립을 추진했다. 선정된 지역에서 우리 마을에 설립할 수 없다고 반대 한 것이다. 일명 '님비(NIMB,

Not In My Backyard-내 뒷마당에는 안 된다.)'현상이다. 지역주민은 장애우 학교가 '혐오시설'이라는 논리를 내세워 반대했다. 서울시는 장애우 부모와 지역주민을 모아놓고 토론을 했다. 토론 과정에서 장애우 부모는 무릎까지 꿇고 건립을 허락해 달라며 호소했다. 장애우 학교가 하수종말처리장처럼 냄새가 나거나, 장의(葬儀) 차량이 매일 오가는 화장(火葬)시설도 아닌데 지역 주민은 혐오 시설의 논리를 펼쳤다. 그 모습은 고스란히 전국에 있는 학부모와 아이들에게 방영되었다.

이 일을 매스컴을 통해 보면서 만약 유명사립학교가 그 지역에 생긴다면 반대할까? 아닐 것이다. 오히려 환영 플래카드를 붙이지 않을까? 지역주민에게 맞는 논리가 있겠지만, 자녀들에게 장애우 시설이 혐오시설이라고 이해와 설득이 가게 설명할 수 있을지 궁금하다.

우리도 언제든지 불의의 사고로 장애인이 될 수 있다. 그리고 내 후손이 장애인으로 태어날 수 있다. 아니면 가까운 친척 중, 장애를 가진 사람이 있을 수 있다. 같은 사회구성원이고, 함께 살아가는 이웃들이다. 그들이 배우는 곳이 혐오시설이라는 논리는 씁쓸한 생각이 든다. 이 일을 우리아이들에게 어떻게 설명해야 할까?

길든, 짧든 우리는 모두 교육을 받았다. 교육을 통해 세상에 필요한 것들을 배웠다. 그중 하나가 '사회성'이다. 학교가 직업이나 생존법만 교육한다면 학교보다 학원이 나을 수 있다. 학교에서 아이는 사회성을 배운다. 함께 살아가는 방법을 배우는 것이다. 함께 살아가기 위해 대화와 양보, 타협을 한다.

우리는 더불어 사는 방법을 학교에서 배웠다. 그런데 성인이 되면서 망각한다. 사람들은 더불어 사는 방법보다 내 집 땅값이 더 소중하다. 그것을 우리 아이들이 배운다. 그들에게는 장애우 시설보다 땅값이 더 중요한 법이다. 내 아이가 더불어 사는 방법보다 땅값의 소중함을 먼저 배우는 현실이다.

인성교육은 특별법까지 제정해서 시행하고 있다. 인성이 무너진 우리 사회의 단면이다. 우리 아이만 인성이 좋으면 된다는 생각은 금물이다. 인성이 좋지 않은 아이가 친 사고나 말 때문에 우리 아이도 영향을 받는다. '친해지지 말라'는 통하지 않는다. SNS나 인터넷을 통해 간접적으로 받아들이게 된다. 인성이 특별법까지 간 건 창피스러운 일이다. 어차피 시행될 법이라면 허울이 아니라 제대로 진행해보자. 그러기 위해서 부모, 학교, 사회구성원 모두의 관심이 필요하다.

한때 어느 종교에서 시작된 '내 탓이요' 운동이 있었다. 나쁜 일, 좋은 일 모두 내 탓이라는 운동이다. 인성교육에도 '내 탓이요'를 적용해보자. 방황하는 아이, 힘들어 하는 아이를 보고 있다면 적극적으로 손을 내밀자. 그리고 옆집에 어느 아이가 사는지, 아이의 기본적인 상태를 살피며 따뜻한 관심과 배려를 하자. 인성교육은 모두의 몫이다. 인성교육이 안 된다면 우리 모두의 잘못이라는 인식이 필요하다. 모든 것이 나로부터 시작된다.

04

작은 실천이 곧 큰 인성교육

"큰일을 하려면 이불부터 잘 개어라."

전 세계에서 가장 뛰어난 영감을 가진 사람들이 자신의 이야기를 들려주는 프로그램인 'TED' 강연에서 미 해군 장교가 청년들에게 한 말이다. 작은 일도 못하면서 어떻게 큰일을 할 수 있을까? 지금 세상이 자신을 알아봐주지 않는다고 원망하지 말고 작은 일들에서 부족한 것이 있나 봐야 한다. 작은 일을 잘해야 큰일도 잘할 수 있다. 인성교육도 마찬가지다. 아이에게 도덕적으로 완벽한 인간을 찾기 전 부모가 작은 일에 얼마나 신경 쓰는지 점검해야 한다.

집 근처에 꽤나 큰 네거리가 있다. 유동인구도 많고 복잡한 도로다. 특히 집을 빠져나오는 우회전에는 병원, 은행, 카페, 학원 등 불특정다수를 상대하는 가게가 많다. 지하에 주차장이 있어도 수용에는 한계가 있다. 누군가 1차선에 잠시 주정차를 하면 우회전 차량 모두는 꼼짝없이 2차선을 타고 다시 우회전에 들어가야 한다. 이 도로는 시내버스도 많이 다닌다. 주정차하면 위험하고 여러 사람이 불편하다. 이런 사실을 알고 1차선에 주정차하는 차량이 많지는 않다. 주차를 하면 경적을 울려 경고를 주거나 건물 경비아저씨가 재제를 한다. 최근에 이곳에 CCTV를 설치했다. 누군가 이곳에 주정차를 한 모양이다. 그것을 보고 구청에 신고를 했고, 신고 건수가 늘어나자 구청도 주정차 단속용 CCTV 설치를 결정했다. 스피커도 있어 주정차 하지 말라며 경고한다. 어수선한 도로에 유동인구가 많은 건물주변에 스피커 소리까지 정신이 없다.

운전면허시험을 볼 때 주정차 구간을 배운다. 상식적으로 나의 잘못된 주정차 때문에 많은 사람이 피해를 본다는 사실을 알고 있다. 나만 편하면 된다는 잘못된 생각이 여러 사람을 불편하게 만든다. 불법 주정차 구간에 잠시 주차하고 그곳에 아이를 태웠다면 아이는 다른 운전자들이 불편하다고 울리는 경적소리, 알게 모르게 비난하는 소리 등을 들을 수밖에 없다. 부모가 태연하다면 잘못을 저지르고도 반성하지 않는 바르지 못한 모습을 보게 된다. 이렇게 교육받은 아이는 어른이 되면 과연 어떨까?

현대에 들어와 인성교육이 가정에서 사회로 넘어왔다. 그러나 인성교육의 첫 번째는 가정이다. 가정에서 부모가 1차적 인성교육을 해야 한다. 부모가 하는 작은 행동에 법규준수와 올바른 행동이 있어야 한다. 아이는 그 모습을 그대로 보고 배운다.

얼마 전 세상을 떠들썩하게 했던 사진 한 장이 있다. 지하주차장의 큰 박스에 정성스럽게 종이 하나가 붙어 있다. 종이를 자세히 보면 황당한 글이다. 〈이곳에 주차하지 말아주세요. 고3 아이를 독서실에 데리러 갔습니다. 곧 올 것입니다.〉이다.

이 사진을 본 많은 사람이 비난을 했다. 대부분 자기 자식만 귀한 줄 안다는 것이다. 아이가 박스를 보면 무슨 생각이 들까? 엄마가 자신을 사랑한다는 것과 다른 사람에게 피해를 끼치고 있다는 것을 알 것이다.

나 역시 법 없이도 살 수 있는 사람이라 생각하지 않는다. 알게 모르게 위반한 것들이 있다. 부끄럽고 반성하는 순간이다. 그러나 아이가 있다면 신중을 기했다. 내 아이, 남의 아이 상관없이 말이다. 아이들이 본다는 생각 때문이다.

운동하러 가는 길에 짧은 횡단보도가 있다. 빠른 걸음으로 3~5초면 건널 수 있다. 주변에 학교가 많아 아이와 함께 건너는 부모들을 볼 수 있다. 신호가 걸리면 아이와 부모는 기다린다. 문제는 빨간불인데도 어른들은 아이가 보는 앞에서 건너기 바쁘다. 양심에 가책을 느낀 사람은 횡단보도가 아닌 곳으로 걸어가 도로를 건넌다. 그것도 마찬가지로 법규 위반이다. 부모는 빨간불인데도 건너는 사람을 보고 무어라 설명해야 할까? 아이는 어떻게 생각할까? 또 아이들이 본다고 생각하면 어른들은 건널 수 있을까? 초등학교 논설문을 지도할 때 내가 가장 많이 가르치는 것이 '교통질서를 잘 지키자.'이다. 글로 직접 써 보면 실천 능력이 더 생기는 이유이다.

법 준수에서 우리는 정치인들이나 기업인들의 일탈에 화가 난다. 이 문제에 대해 예절 선생님들과 이야기 나눈 적이 있다.

"정치인들이나 대기업 회장님들 욕 할 것 하나 없습니다."

"왜요?"

"출근길에 하루도 빠지지 않고 빨간불에 통과하는 차들을 봅니다. 정치인들은 크게 불법을 저지르는 위치에 있고, 우리는 작게 불법을 저지르는 위치에 있지요."

결국 정도의 차이일 뿐이다. 어른의 한 사람으로 아이들에게 할 말 없고 미안할 따름이다.

법을 지키고, 아이들에게 모범을 보여야 하는 건 공인이나 유명인이 아니다. 우리 누구에게나 책임이 있다. 당장 남의 아이 앞에서 신호를 무시하거나, 욕하는 일 등은 꼭 정치인이나 유명인이 아니더라도 영향을 받는다. 어쩌면 바로 옆에 있는 부모나 이웃이 더 영향을 준다. 누군가를 비난하기 전 자신을 돌아보는 게 인성교육이다. 반성하는 모습, 조심하는 모습 모두 우리의 몫이다.

아이들이 있든, 없든 분명히 어딘가에서 보고 있다고 생각하자. 가까이에서 지켜야 할 분리수거, 신호 준수 등을 지키는 모습을 보여주는 게 인성교육이다. 인성교육이 어렵지 않으면서도 어려운 이유는 이론과 실천이 함께 이루어지지 않기 때문이다. 작은 일부터 실천하는 모습을 우리 어른들이 보여주자.

05

꿈의 길잡이가 되자

2008년 베이징 올림픽에는 '88둥이'란 말이 유행했었다. 88년에 태어난 20세 선수들이 대활약을 했기 때문이다. 시상식에서 긴장한 모습보다는 자유롭게 춤을 추고, 언론에 나와 자유분방한 모습을 보여줬다. 비슷한 시기 피겨여왕 김연아 선수, 마린보이 박태환 선수가 탄생하며 모든 사람에게 희망을 주었다.

우리가 베이징 올림픽 88둥이, 김연아, 박태환 선수를 응원하고 좋아하는 건 앞으로 예정된 부와 명예 때문이 아니다. 꿈을 갖고 치열하게 노력해서 꿈을 이룬 모습이 좋기 때문이다. 선수들이 꿈을 이루기 위해 많은 투자를 했다. 투자에는 자신을 관리하기 위해 유해한 것들을 절제했다. 술, 담배, 중독된 게임 등이다.

혹시 꿈을 향해 달려가는 사람을 본 적 있는가? 그들에게는 낭비가 없다. 술, 담배, 중독된 게임은 시간이 아깝고 꿈과 멀어질 수 있어 관심도 두지 않는다. 그래서 꿈이 있는 사람은 절제를 잘한다. 청소년도 마찬가지다. 꿈이 있는 청소년은 부모가 걱정하는 일들을 할 틈이 없다. 꿈을 이루기에도 바쁘기 때문이다.

꿈이 있다면 꿈과 관련한 정보와 자료를 찾는다. 꿈을 이룬 사람을 만나고 도움을 받는다. 꿈이 없다면 방황을 한다. 방황은 성장하는 과정에서 당연한 것이다. 문제는 방황이 상식 밖에 이탈을 만들어 낼 수 있다. 모든 부모가 걱정하는 술, 담배, 중독된 게임, 폭력을 하게 만든다. 청소년 시기 달성 유무를 떠나 꿈은 중요하다. 꿈을 이룰 수 있고, 과정에 필요한 절제를 하기 때문이다.

가출청소년끼리 방을 얻어 사는 팸(Fam)문화가 사회적 이슈가 되었다. 과거에도 있었지만, 인터넷을 통해 쉽게 만남이 이루어진다. 심각한 건 '랜덤채팅' 등을 통해 팸에 모인 청소년이 성매매부터 각종 범죄에 연루될 가능성이 높아졌다. 이미 살인, 폭행 등 많은 문제를 일으켰다. 보호시설, 교육시설 등이 있어도 정보가 부족하고 다시 강제로 가정으로 돌려보내려는 도움의 손길을 거부한다. 또한 비슷한 또래끼리 있어 마음이 통하는 것도 사실이다. 팸문화는 가출이 없어지지 않는 이상 해결될 기미는 보이지 않는다.

모 프로그램에서 여자아이들끼리 있는 팸을 르포 촬영했다. 어른들의 검은돈 유혹, 가정의 불화 등을 이야기했다. 촬영 팀은 저녁을 먹지 못한 아이들에게 고기를 사주었다. 고기를 보고 좋아하는 아이들은 여느 청소년과 다를 바 없었다. 배를 채우고 방으로 돌아가는 길에 아이들끼리 꿈에 대해 이야기했다. "나는 손에다 매니큐 발라주는 일 있잖아. 그거 할 거야.", "너는 그것도 모르냐? 네일아트?" "아 네일아트, 그거 하면 잘할 거야." 웃으며 방에 들어가고 있었다.

네일아트를 꿈꾸는 친구에게 네일아트 교육을 시켜주고 취업을 시켜준다면 검은돈의 유혹을 이길 수 있지 않을까? 이 아이가 가출하기 전에 네일아트 꿈을 알려주었다면 가출했을까 생각을 했다.

목표와 꿈의 중요성을 새삼 이야기할 필요는 없다. 왜 중요한지 다 알고 있다. 필요한 건 우리 아이들에게 알려줘야 하고 그 방법을 교육해야 한다. 자유학기제 이후 꿈을 찾는 교육환경으로 변했다. 긍정적인 소식이다. 나 역시 자유학기제 관련 행사를 참여한다. 오직 학교수업만 있었던 세대인지라 세상이 변했다고 새삼 느낀다. 아이들 대부분 활기차고 즐거워한다.

아직 초기단계라 직업 또는 체험이 많지 않다. 선생님들은 다양한 직업, 체험을 섭외하고 싶어도 한계가 있다고 말한다. 기업이나 단체에서 귀찮아한다. 그래서일까 내가 참석하는 자유학기제 프로그램에도 직업이 많지 않다는 사실을 깨달았다.

세상에 직업은 수만 가지가 된다. 여기에 자유학기제에 참여하는 직업은 극소수다. 여러 직업에 있는 사람을 참여가로 끌고 오는 게 쉽지 않다고 한다. 업무로 바쁜데 아이들 체험이라는 건 어려운 일이다. 그렇지만 꿈은 보는 것만큼 커진다. 아이들에게 많은 직업을 체험해주면서 꿈을 키울 수 있도록 많은 참여를 해줬으면 한다. 방법은 어렵지 않다. 참여방법은 자유학기제 홈페이지에 잘 나와 있다.

자유학기제와 함께 어른들의 태도도 변화해야 꿈꾸는 세상을 만들 수 있다. 초등학생 꿈이 '건물주'라는 글을 봤다. 왜 건물주인지 물으니 세입자들에게 일정한 돈을 받고 편히 살고 싶다는 것. 건물주가 나쁜 꿈은 아니다. 그러나 초등학생이 꾸기에는 적나라할 정도로 현실적이다. 아이는 세입자가 얼마나 힘든지 알고 있고 건물주가 '조물주 위에 건물주' 라는 구체적인 말까지 했다. 이 모든 정보를 어디서 얻었을까? 바로 우리 어른들이다.

자본이 절대적인 영향력 아래 살아가지만, 자본이 전부는 아니다. 그 이전에 꿈과 희망이 필요한 법이다. 아이들에게 어른들의 말과 행동이 얼마나 많은 영향력을 미치는지 알고 조심하자. 아이들은 어른을 통해 배우는 법이다.

꿈이 있는 사람은 방황할 시간이 없다. 그 꿈이 조금 더 나은 세상을 만드는데 일조하겠다는 꿈이면 최상이다. 내 아이가 이기주의에 빠진 꿈보다 공동체와 함께 하는 꿈을 꾸는 아이로 키우고 싶을 것이다. 참 꿈이 무엇인지 알려주고 찾는 방법, 가는 방법을 함께 고민해보자.

06

직업이냐,
꿈이냐?

시청자들의 고민을 듣고 풀어주는 TV프로그램에서 이모와 조카가 출연했다. 사연인즉 어린 시절 부모가 사고로 세상을 떠나자 이모는 조카를 데려다 키운다. 조카를 키우느라 이모는 결혼도 포기했다. 시간이 흘러 조카는 방황했다. 가출도 하고 이런저런 사고를 친다. 이모는 조카가 안타까워 혼도 내고 전문기관의 도움을 받았지만 바뀌지 않았다. 조카 역시 이모가 자신에게 너무 집착한다고 하소연 했다. 마땅한 해결책이 보이지 않은 상황이다. 패널로 참석한 가수가 조카에게 묻는다. "혹시 꿈이 있으세요?" 잠시 머뭇거리더니 "아직 없습니다. 저도 꿈을 찾고 싶습니다." 다시 가수가 말한다. "꿈이 있다면 방황하지 않을 것인데." 안타까워했다.

많은 사람들이 청소년들이 꿈이 없음을 걱정한다. 우리 청소년들이 컴퓨터 채팅이나 스마트폰 게임 등에 빠져 있는 것도 큰 문제다. 조사에 따르면 우리나라 청소년의 54%가 하루 세 시간 이상 컴퓨터 앞에 앉아 있다고 했다.

꿈은 견문과 관련이 깊다. 만약 꿈이 월 1,000만원을 버는 BJ라면 월 1,000만원 버는 BJ를 보거나 들었던 경험이 있는 사람이다. 대통령을 꿈꾼다면 대통령을 간접적으로 봤던 경험이 있는 것이다. 자녀에게 다양한 경험을 하게 하는 것은 중요하다. 다양한 경험을 하며 기질, 성향에 따라 꿈을 이어가야 한다.

미국 미시간 주의 한 고아원에 문제 소년 한 명이 들어왔다. 소년은 원생들과 쉴 새 없이 싸움을 했지만 베라다 선생은 인내심을 갖고 소년을 격려했다. '하나님은 너를 사랑하신다. 큰 꿈을 가져라.' 그러나 소년의 태도에는 변화가 없었고 결국 퇴학을 당했다. 퇴학당한 후에 베라다 선생의 소중한 가르침을 깨달은 소년은 피자가게에 취직하여 열심히 일했다. 피자 한 개를 11초에 반죽하는 탁월한 솜씨가 있었던 소년은 '큰 꿈'으로 가득 찼고 자신의 꿈을 실현시키기 위하여 피자회사를 설립했다. 그 피자회사가 바로 토머스 모한나의 '도미노 피자'다. 토머스는 피자 판매 수익금으로 미국프로야구명문구단인 디트로이트를 운영하고 있으며 수많은 청소년들에게 장학금을 지급하고 있다. 그는 자신이 성공할 수 있었던 것은 베라다 선생의 '꿈을 크게 가져라.'는 가르침 덕분이라고 말한다. 누구에게든지 가능성은 있다. 아이들에게 꿈을 키워주는 일, 부모와 교사의 역할이 크다. 상황이 어찌되었든 가슴 속에 품은 꿈이 있다면 나아갈 수 있다. 그것이 큰 꿈이라면 더욱 생각의 차이와 행동의 규모는 달라지는 법이다.

미국 사회심리학자인 로젠탈은 한 초등학교에서 무작위로 선정한 20%의 학생들이 성적이 향상될 것이라고 각 담임 선생님에게 통보해주었다. 8개월 후 실제 학생들의 성적이 향상되었으며, 이것은 교사가 기대하는 경우 학생은 그에 상응하는 성장을 하게 된다는 주장을 뒷받침하는 증거가 됐다. '피그말리온 효과'로 성적만 향상되는 것이 아니라 꿈도 키워질 수 있다는 것이다.

자녀에게 꿈을 심어줄 때 좋은 방법은 다음과 같다.

첫 번째, '꿈=직업'이란 공식을 깨라.

많은 어른들이 꿈을 물어볼 때 직업을 연결시킨다. 즉 직업은 눈에 보인다는 장점이 있지만 수만 가지 직업을 아이가 알기는 어렵다. 숲에 관심이 있고 알아야 숲을 지킬 수 있는 사람이 될 수 있고, 세계의 분쟁에 대해 알아야 분쟁지역 아이를 구해줄 수 있는 사람이 될 수 있다. 구체적인 직업을 묻기보다 가치관을 심어주는게 효과적이다.

두 번째, 컨설팅하지 마라.

다소 거친 표현일수 있지만 아이에게 꿈을 묻고 꿈을 말하면 어른들은 컨설팅에 들어간다. 제발 그러지 말자. 꿈은 꿈 자체로 존

귀하다. 아이가 묻기 전에 루트나 방법을 제시할 필요가 없다. 자칫 그 꿈을 이루기 위해 얼마나 많은 노력을 해야되는지 판단해 지레 포기하고 만다.

세 번째, 꿈을 기억하고 관련 경험을 해주게 한다.

강사 중개업으로 사업을 하는 H대표의 경우 어린 시절 아버지 같은 사업가가 되고 싶다고 말한다. 아버지는 어린 아들에게 사업가 교육을 시작한다. 예를 들면 식당에 가면 종업원이 몇 명인지, 메인 메뉴는 무엇인지, 무엇으로 이 가게를 유지하게 하는지 등 둘러보게 하거나 질문했다. 차츰 사업가의 눈을 가지기 시작했다. 아이가 꿈을 말한다는 건 관심 가는 분야라 할 수 있다. 기억해 두었다가 기회가 있을 때마다 간접 기회를 주자.

아이들은 꿈꾸고 싶어 한다. 그러나 현실은 아이들이 꿈꾸는 것을 용납하지 않는다. 부모가 원하는 방향으로 양육하여 부모가 원하는 일을 하도록 유도한다. 그러나 그렇게 길들여진 아이들은 어느 순간 자신들이 얼마나 무력하고 무능한지를 알게 되고 사춘기를 핑계 삼아 자아상실감을 갖게 된다. 어떤 것을 공부해야하고 어디를 향해 가고 있는지에 대한 방향키는 자신이 잡고 있어야 한다. 열쇠를 부모가 잡고 있는 현실에서는 방황하지 않을 수 없다. 아이들을 꿈꾸게 하자. 부모가 못다 이룬 꿈이 아니라 아이가 행복할 수 있는 꿈을 찾아주자.

07

행복한 어른을 보고 자란 아이는?

한 때 '응사 앓이'란 말이 유행했다. TVN에서 방영된 〈응답하라 1997〉, 〈응답하라1994〉, 〈응답하라1988〉이 큰 인기를 끌면서 생긴 말이다. 1997년, 1994년, 1988년 대한민국을 반영했다. 당시 소품, 가수, 뉴스 등을 보면서 추억을 상기할 수 있다. 나는 1997년에 두 아이를 키우고 있었고, 1988년에 사회생활을 시작하고 있었다. 기억이 새록새록 떠올라 즐겨봤다.

당시를 돌아보면 인터넷도 없고, 휴대폰도 없었다. 냉방, 난방시설 등은 상상도 못했고, 화장실도 시골에나 볼 수 있는 재래식 화장실이었고, 겨울에는 연탄을 관리해야 했다. 생활면에서 참으로 불편했다. 다시 TV를 보니 불편했지만 무언가 모르게 행복했었다. 특히 1988년에 나오는 한 지붕 아래 모여 살며 이웃을 걱정하고 배려하며, 함께 많은 일을 했던 기억이 있다. 그때는 사람 간에 정이 있었다.

사람 사이의 정은 배려와 관심에 있다. 1997년 겨울 IMF가 터지면서 개인주의가 팽배하기 시작했다. 대한민국은 무한경쟁 시대에 들어갔다. 직장은 평생 고용을 책임지지 않았고, 그 배신감에 많은 가장들이 충격에 휩싸였다. 저임금과 아웃소싱의 일반화가 되면서 적자생존을 이어가고 있다. IMF를 극복하고도 20년이 지났지만 적자생존은 여전하다. 누굴 돌볼 수 있는 여유가 없다. 나와 내 가족 하나도 건사하기 힘든 세상이다.

첨단기계가 발전하면서 생활면에서 분명 좋아졌지만, 자살, 우울증 같은 소식이 많이 들려온다. 슬프기만 하다. 그만큼 현대인이 스트레스를 많이 받고 살고 있다는 뜻이다. 행복은 저 멀리에 있고, 불행한 어른들이 많아졌다. 그리고 그 모습을 보고 자란 아이들도 행복해하지 않고 있다.

'무한경쟁', '적자생존' 효율성 면에서 최고인 단어들이다. 그러나 이 단어가 사람에게만큼은 참으로 잔인하다. 누굴 죽여야 자신이 살 수 있으니 말이다. 그 속에서 살아남으려고 아등바등할 수밖에 없다.

더 슬픈 건 이 상태가 해결될 기미가 보이지 않는다. 자본이 무한경쟁과 적자생존에서 승리하는 유일한 길이라는 인식이 보편화되면서 부를 향해 무한질주하는 시대다. 그래서 사람들은 단기간에 돈을 벌 수 있는 곳에 투자한다. 대표적인 것이 '암호화폐' 열풍과

로또의 판매량 최고치 갱신이다.

자본은 한계가 있다. 누군가 많으면 누군가는 적다. 누군가 증가하면 누군가는 줄어든다. 자본이 행복으로 가는 길이면, 적고 줄어든 사람은 불행하다. 이 논리가 IMF 이후 지속적으로 이어져왔다. 모두가 자본의 승리자가 되기 위해 투쟁하고 있다. 우리 아이들 역시 자본의 승리자가 되기 위해 달려갈 준비를 한다.

자본은 우리가 어쩔 수 없는 부분이 분명 있다. 그리고 부, 즉 돈은 개인의 노력과 운도 따라야 한다. 운은 시대적 운이다. 내가 어찌할 수 없는 부분이다. 어찌할 수 없는 부분을 추구하는 어른이 행복하기 위해 어떻게 해야 할까?

과거의 인물 말에 힌트를 얻어 보자.

"나는 우리나라가 세계에서 가장 아름다운 나라가 되기를 원한다. 가장 부강한 나라가 되기를 원하는 것은 아니다. 내가 남의 침략에 가슴 아팠으니, 내 나라가 남을 침략하는 것을 원치 아니한다. 우리의 부력(富力)은 우리의 생활을 풍족히 할 만하고, 우리의 강력(强力)은 남의 침략을 막을 만하면 족하다. 오직 가지고 싶은 것은 높은 문화의 힘이다. 문화의 힘은 우리 자신을 행복하게 하고 나아가 남에게 행복을 주겠기 때문이다."

백범 김구 선생의 말씀이다. 백범 김구 선생은 〈나의 소원〉이란 책에 문화의 힘을 강조하는 말을 남겼다. 행복한 어른, 행복한 아이는 문화의 힘을 알고, 문화를 즐기는 사람이 느끼는 법이다.

'시간 없다', '돈이 없다' 등 문화를 즐기기 어려운 여건은 많다. 그러나 정보부족이나 귀찮아서 그런 건 아닌지 스스로 물어보자. 당장 할 수 있는 독서부터 시작해보자. 문화를 아는 어른이 많아야 우리 아이 역시 문화를 즐길 줄 안다.

아무리 힘이 강하고, 아는 게 많아도 입에서 욕을 하고 타인을 못살게 군다면 야만스런 사람이다. 문화를 안다면 힘과 지식을 어떻게 사용할 줄 아는 사람이 된다. 아이들에게 문화를 체험시켜 줘라. 그리고 어른부터 문화를 느끼자. 매일 폭탄주가 있는 가정에서는 건전한 꿈을 가진 아이는 나올 수 없다.

고마움의 표현은 인성의 기본이다

이 책을 내기까지 저는 많은 분들의 은혜를 입었습니다. 이 자리에 있기까지 많은 분들의 도움이 있었습니다. 고마운 분들을 책으로 쓰고 서술하면 책 한권 분량은 될 것입니다. 정말 많은 분들과 함께 공감하며 살아왔습니다. 고맙고 고마운 일입니다. 덕분에 저는 조금씩 영적 성장을 하고 있고, 세상과 더불어 즐겁게 내면의 아름다운 변화를 완성해 가고 있습니다.

〈김종진의 행복한 인성 이야기〉 칼럼을 올려주시는 디트뉴스24 박길수 부국장님, 〈김종진의 인성가이드〉 칼럼을 쓰라고 권장하셨던 월간 〈충청포스트〉 정다은 대표님께 감사드립니다. 책의 1장에서 5장 사이에 그림을 쓸 수 있도록 허락해주신 박점순 화가께 감사드립니다. 5년 전 책을 만들고자 했다가 미뤘고, 칼럼을 쓰면서 수정 작업을 계속했습니다만 아직도 만족하지 못합니다. 부족한 제 글을 읽어주시는 모든 분께 감사드립니다. 딱딱한 칼럼을 SNS에 올리면 공유해주시는 분들과 '좋아요'로 공감을 표시하는 여러분께 좋은 일 많으시길 기도합니다.

이 책이 나올 수 있는 토대를 마련해 준 윤석일 작가님, 그리고 소제목을 감각적으로 수정해 주신 소설가 김수남 선생님께 감사드립니다. 《인성으로 성공하라》 출간을 해 준 〈오늘의문학사〉 리헌석 이사장님과 이미란, 이금옥 편집장님께 감사드립니다. 책의 출간을 누구보다 축하하며 교정을 봐준 가족 '오랑이와 멍멍이'팀 윤석중 팀장님과 보석같은 아들들에게 특별히 고마움을 전합니다.

자신의 아이를 인성으로 키우는 부모들과 이웃의 아이들을 내 아이처럼 살피는 어른들, 학생들을 사랑으로 지도하는 선생님들께 감사합니다. 늘 제 곁에서 지켜봐 주시는 신과 조상님께 그리고 세상의 많은 아이들을 인성교육으로 이롭게 하려고 애쓰는 제 자신에게도 고마움을 표합니다.

지금까지 은혜 입은 많은 분께 지면에 따로 인사드리지 못하는 점 널리 이해해 주시기를 바랍니다. 생각하면 아는 분들끼리 연결되어서, 알게 모르게 저에게 도움을 주신 분들이 너무나도 많습니다. 감사한 마음 간직하며 뵐 때마다 기쁘게 인사하고 저보다 잘 되기를 비는 마음으로 살겠습니다. 제게 주신 은혜를 다른 곳에서 베풀며 살겠습니다.

이 책을 쓰고 가장 먼저 보여주고 싶은 분, 이 책을 받고 가장 기뻐하실 분 아버지 김영곤, 어머니 조백현 님께 무한 감사드리며 두 분께 이 책을 바칩니다.

여락 드림

인성으로 성공하라

김종진 지음

발 행 일 | 1쇄 2018년 8월 8일
2쇄 2019년 4월 22일
지 은 이 | 김종진
발 행 인 | 李憲錫
발 행 처 | 오늘의문학사
출판등록 | 제55호(1993년 6월 23일)
주 소 | 대전광역시 동구 대전로867번길 52(한밭오피스텔 401호)
전화번호 | (042)624-2980
팩시밀리 | (042)628-2983
전자우편 | hs2980@hanmail.net
카 페 | cafe.daum.net/gljang(문학사랑 글짱들)

공 급 처 | 한국출판협동조합
주문전화 | (070)7119-1752
팩시밀리 | (031)944-8234~6

ISBN 978-89-5669-933-2
값 15,000원